그림으로 쓰는
러브레터

이 도서의 국립중앙도서관 출판시도서목록(CIP)은 e-CIP 홈페이지
(http://www.nl.go.kr/cip.php)에서 이용하실 수 있습니다.(CIP제어번호: CIP2004000915)

그림으로 쓰는
러브레터

황록주 지음

아트북스

여는 글
연애편지, 당신을 향한 내 마음의 빛깔

무슨 연애편지를 그렇게 미뤄둔 숙제하듯 쓰느냐고, 글을 쓰는 내내 한 친구가 애정 어린 격려를 보냈습니다. 하지만 그 말이 맞았습니다. 나는 오랫동안 당신에게 보내지 못했던 편지를 정말 숙제하듯 썼기 때문입니다. 어차피 말로는, 글로는 다 전하지도 못하겠지만, 이렇게라도 나는 당신에게 찬찬히 내 마음을 건네고 싶었습니다.

물론, 이 책은 사람들에게 미술을 더 가까운 곳으로 들어앉히고 싶은 마음에서 시작했습니다. 그러다 보니, 안내 방식을 더 친근한 것으로 삼아보자 생각했고, 어린 시절 날마다 그림일기를 썼던 것처럼, 연애편지를 보낼 때 마음을 더 확연히 담아낼 그림 한 점을 옆에 두면 참 좋겠다고 생각했습니다. 내 삶에 당신이 들어오고 또 당신의 삶에 내가 들어갔듯이, 그렇게 그림이 그들의 삶 속으로 스며들기를 바라는 마음이었습니다. 그래서 우리의 복잡다단한 일상만큼이나 많은 양식의 작품을, 기왕이면 뚜렷한 논의의 지점을 제공하는 현대미술의 쟁점에 놓인 작가를, 또 이미 눈에 익은 작품이 아니라 낯설지만 새로운 작품을 담으려 애썼습니다. 연애편지를 통해 그 작품들이 건네는 이야기가 결국 우리의 삶, 더불어 당신을 향해 던지는 내 마음의 빛깔을 되짚어보게 하는 지점임을 두루두루 전하고 싶었습니다.

글을 쓰는 동안 멀리, 가까이 있는 가족들은 밤잠을 설쳐가며 글을 쓰는 나를 안타깝도록 걱정해주었습니다. 강릉에 계신 어머니는 그리 좋아하시던 모녀간의 수다를 아끼며 부러 전화를 삼가셨습니다. 초고를 향해 서슴없이 질타를 보내면서 결국 이 책이 어떤 허공을 지니게 될지를 미리 알려준 것은 오랜 친구 신혜정이었습니다. 그녀의 칼 같은 비판으로 이미 포만감이 그득합니다. 편집자 김윤희 씨는 전작 『내 사랑 미술관』에 이어 작업과정 하나하나를 꼼꼼히 짚어주며 격려를 아끼지 않았습니다. 이 책이 빛을 보도록 해준 것도 물론 그녀입니다. 우리는 함께 뭔가 의미 있는 일을 해낸 것 같습니다. 작업하는 책마다 사랑에 빠진다는 디자이너 김은희 씨는 이번에도 지독히 앓았던 모양입니다. 책이 이렇게 예쁘게 나올 줄 미처 몰랐습니다. 뒤늦은 이야기지만, 정민영 국장님은 서툰 시절의 내 글에게 존재감을 안겨주셨습니다.

그리고, 당신은 그 누구보다도 아프게 나를 단련시켰습니다. 그러므로 이 책은 그저 당신에게 아직 건네지 못한 편지에 다름 아닙니다. 당신을 향해 품었던 기쁘고 아팠던 마음, 또

지극한 원망이 그저 고스란히 담겨 있는 편지입니다. 그리고 그 안에 깃든 것은 당신과 더불어 이 세상을 헤쳐나가는 내 삶의 태도입니다. 당신을 통해 한 번쯤 더 걸러진 세상, 또 그 세상을 향한 내 목소리가 언제라도 당신이라는 여과기를 거칠 것이라는 믿음 그리고 그것이 바로 당신과 함께할 내 삶의 모습이라는 것을 속절없이 들켜야겠습니다. 다시 찾아온 새봄, 새날, 미뤄둔 이 숙제를 건네는 것은 참 다행한 일입니다.

꽃 터지는 소리 들린다, 봄
황록주

차례

여는 글 5

1. 먼 길 걸어간다, 사랑

함께 보는 풍경 12
몬드리안의 나무 24
바쁜 당신 34
당신의 얼굴 42
또다른 솔직함 50
당신을 만나러 가는 길 56
당신의 두 눈 64

2. 서로를 헤맨 날들

지극히 커져버린 당신 72
그 마음의 주변을 서성이다 80
나의 디에고 90

당신이 남긴 먼지 96
당신과 싸우던 길 104
당신이 없는, 당신의 초상 110
투쟁의 기술 120

3. 나를 딛고 비로소 당신

스며들다 128
핑크빛 사랑을 꿈꾸다 136
우리는 우리의 창조자 144
오래오래 함께 살고 싶어요 152
검정, 당신 162
켜켜이 쌓인 흔적 170
건네야 할 말 176

편지 속 화가들과 연애하다 182

1.
먼 길 걸어간다, 사랑

아무 채비도 없이 덜컥 사랑이 왔습니다

무작정 그 길로 접어드는 사이

제대로 짐 하나 꾸리지 못한 내게

낯설고 서툰 길은 온통 꽃 무리. 돌부리

걸어채는 곳곳 당신이었습니다

함께 보는 풍경

당신에겐 보여주고 싶은 게 참 많습니다.

늘 마음속에서 출렁이는 고향 바다와

그곳에서 천천한 걸음으로

15분 남짓한 거리에 있는

작은 농원, 그 안에서 계절마다 피는

매화, 목련, 영산홍, 복숭아꽃, 조팝나무,

맨발로 걷는 잔디밭,

아무도 밟지 않은 눈 쌓인 뜰,

그렇게 한 해를 꼬박 함께 지내고

계절을 두루 건너야만 확인할 수 있는 풍경들.

그리고,

그 풍경과 함께한 내 유년의 기억,

사진첩에 쓸쓸히 남은 날들……

나를 키워온 그 모두를

당신에게 보여주고 싶습니다.

당신도 그러할까요?

당신이 아끼는 물건, 당신이 좋아하는 냄새,

마음속에 오래도록 남아

내내 빛을 발하는 따뜻한 기억,

그것을 모두 내게 들키고 싶어할까요?

나는 당신에게 여러 번

내 기억 속의 풍경을 보여드렸지요.

당신, 이거 참 예쁘지 않아요?

참 근사한 풍경이지요?

여기서 아빠랑 낚시를 참 많이 했어요.

농원은 계절마다 얼굴이 달라요.

봄이면 매실을 따야 하고

가을이면 밤을 따야 하죠.

겨울엔 눈 녹아 스러지는 소리를 들어야 해요.

그러니 꼭 다시 올 거죠?

내 기억과 함께해줄 거죠?

당신은 그러마 하고 약속을 했습니다.

나는 오랜 나의 풍경을 보여준 것이 기뻤고,

당신도 마음에 들어하는 것 같아 좋았습니다.

하지만 당신의 풍경에 대해서는 내내 침묵이었습니다.
내게는 내가 없던 시절의 당신 또한 소중하므로
당신의 지난날을 보듬고 싶었습니다.
늘 당신에게 미소를 안겨주는 오랜 따뜻함도,
또한 상처도, 미움도,
모두 내 것이어야 한다고 생각했습니다.

그러니 내가 알 수 없는 당신의 기억이,
끝끝내 당신이 침묵하는 당신의 그 풍경이
나는 못내 섭섭하기까지 했습니다.

당신이 왜 나를 노을 지는 풍경 속으로 데려갔는지
그때까지만 해도 알 길이 없었습니다.

노을이 지니까 하늘이 예술이다,

당신이 말했습니다.

그래 참 예쁘다,

나도 대답했습니다.

시간이 흐르면 하늘도 조금씩 변해갑니다.

그 풍경을 당신과 함께 한참이나 바라보았습니다.

■■ 모네, 「채링 크로스 다리, 구름에 뒤덮인 날」, 캔버스에 유채, 60×92cm, 1900

이윽고 당신이 말했습니다.

늘 같은 풍경이지만

햇빛이 달라지면 하늘도 변하지.

■■ 모네, 「채링 크로스 다리, 템스 강」, 캔버스에 유채, 73×100cm, 1903

인상파 화가들이 그랬다더라.

변화무쌍한 빛과 그로 인해 새롭게 열리는

세상의 모든 순간을 담고 싶다고.

그래서 매일 같은 곳에서

다른 풍경을 그토록 많이 남겼다고.

당신을 보고 있으면 나도 그 마음을 알 것 같아.

■■■ 모네, 「채링 크로스 다리, 템스 강의 안개」, 캔버스에 유채, 73×92cm, 1903
　　 모네, 「채링 크로스 다리, 템스 강」, 캔버스에 유채, 73×100cm, 1903(앞쪽)

나는 당신의 지난 풍경보다

우리가 함께할 날,

다르면서도 늘 평등하게 닿을 햇살이 더 궁금해.

저 수많은 날의 수없이 다른 풍경을 보듯

매일매일 새로울 당신 모습이, 또 우리의 모습이,

우리가 함께 나눌 그 햇빛의 찬란함이

나를 들뜨게 해.

■■ 모네, 「채링 크로스 다리, 템스 강에 비친 영상」, 캔버스에 유채, 65×100cm, 1899~1904

나는 이제야 당신 마음을 알아챕니다.

내 지난날,

내게는 소중했던 날,

그러나 결코 당신에게 강요해선 안 되는 날.

마침내 우리가 함께할 날이 더 아름다워야 한다는 걸,

당신은 저 노을로 물든 풍경을

내게 건네며 이야기합니다.

그래요, 이제야 알겠습니다.

당신이 선뜻 오래된 기억을 들추어 보이지 않은 까닭.

그리고 철없이 지난 책장을 퍼덕이던 내게

그저 말없이 웃어 보인 까닭.

당신과 함께 본 노을은

참 오랫동안 기억이 날 것 같습니다.

■
모네, 「노적가리—늦여름, 아침 인상」
모네, 「노적가리—늦여름, 저녁 인상」
모네, 「노적가리—눈의 인상, 흐린 날」
모네, 「노적가리—눈의 인상, 아침」
모네, 「노적가리—눈 녹는 풍경」

본다는 것의 진실을 얼마나 사무치게 찾고 싶었으면, 인상파 화가들은 색채를 부정했을까요? 눈에 보이는 것은 색채와 형태가 전부인데, 모더니즘 예술의 초장을 열었던 그들은 나뭇잎의 색은 푸르고, 사과는 빨갛다는 것 또한 고정관념일 뿐이라고 생각했습니다. 원래 그랬던 것, 죽 그래왔던 것이 아니라 "바로 지금, 여기에서, 당신은 대체 무엇인가" 이것이 모더니즘의 화두였고, 모두의 숙제였습니다. 그러니 인상파 화가들은 그냥 하늘 색이 아니라 1883년 4월 13일의 하늘 색이 궁금했고, 그냥 강물 색이 아니라 1892년 5월 22일의 강물 색이 궁금했을 것입니다.

아, 그리고 나는, 오늘 이후 단 한순간도 같지 않을 모든 당신이 궁금해집니다. 오늘 이후의 우리 모든 모습이 궁금해집니다.

몬드리안의 나무

내가 당신을 알아가는 과정은 참 수다스럽습니다.

당신은 어디서 태어났어요.

유년을 보낸 곳은 어디였나요.

형제들은 어떤가요.

가장 흥미로운 것은 무엇이던가요.

좋아하는 숫잔요. 그림은요.

궁금한 것이 이만저만 아닙니다.

당신도 알겠지만,

처음부터 그랬던 건 아니에요.

그때는 다만 늘 당신의 눈빛을 살폈지요.

차마 말로는 다 하지 못하는 이야기가

그 눈 안에 담겨 있다고 믿으면서,

혹시 작은 단서 한 자락이라도 손에 쥘 수 있을까

숨죽이며, 숨죽이며

당신의 그 눈말을 좇아 촉각을 곤두세웠지요.

그 눈빛에 익숙해질 즈음

나는 이내 말수가 늘어납니다.

내가 좋아요, 얼마큼 좋아요,

당신이 마음에 들어와 집을 만든 후론

매일 그 창문에 불이 켜져 있는지 확인하죠.

당신 일이 얼마나 고단한지,

당신이 내 이야기를 듣는 게 또한 일이 되진 않는지,

그런 것들은 미처 생각할 겨를도 없이

나는 수다쟁이가 되었습니다.

하지만

오래 사랑한 사람들은

오히려 말을 아꼈습니다.

어머니에게 물었습니다.

바람 한 결에 흐드러지는 진달래 꽃잎처럼

얇은 마음이 들킬까 두려워서가 아니라,

이제 나눌 말이 채 없어서가 아니라,

그저 군말 없이도 나눌 게 많아진 거라 했지요.

웃는다고 다 좋지 않고

운다고 다 설운 것이 아니니,

말로 다 하지 못할 것도 생겨난다 했지요.

너도 살아봐라, 하셨지요.

어머니의 그 한마디에

나는 몬드리안의 나무가 생각납니다.

■■ 몬드리안, 「뒤벤드레흐트의 농장」, 캔버스에 유채, 87×109cm, 1907

■■ 몬드리안, 「꽃이 핀 사과나무」, 캔버스에 유채, 78×106cm, 1912(위)
　몬드리안, 「부두와 대양」, 캔버스에 유채, 85×110cm, 1915(아래)

처음에는 그저 한 그루의 나무였다가

가지도 이파리도 무성 무성한 나무였다가

세월이 흘러

그저 몇 줄의 선과 몇 개의 점으로 변해버린

그의 추상화가 생각납니다.

무엇이 있고, 무엇이 없는지
굳이 찾을 일이 아닙니다.

다만 애달픈 구구절절이 아니어도
간단한 그림은
그 오랜 삶, 나무 한 그루가
거기 있다고 말하지요.
이미 나뭇잎도, 가지도,
무성한 여름의 그늘도
모두 다 품고 있다 말하지요.

당신,
혹시 내 소란함에 피곤한 건 아닌가요.
봄 나절, 새 잎이 돋아나듯 쏟아지는
내 끝없는 수다에
삶이 신산해진 건 아닌가요.

조금만 참아주세요.

곧 여름이 오고 가을이 지나
그 잎을 다 떨굴 겨울이 오면
어느새 한 철 익은 사람,
몬드리안의 추상화 같은 사람이 되겠지요.

어머니 같은 사람이 되겠지요.

■

알아요,

당신에게 나는

아직 군더더기와 잡음투성이의

사람이겠지요.

그곳에 다다를 수 있을지

장담할 순 없지만,

아마도 당신은 그런

내 모습을 지켜봐줄 거라 믿어요.

몬드리안, 「회화 I」, 캔버스에 유채,
113.7×111.8cm, 1926

몬드리안이 주축이 되어 1917년에 만들어진 데 스틸(De Stijl) 그룹은 가장 기본적인 조형의 원리로 돌아가 절대적인 순수성을 찾고 싶어했습니다. 군더더기 없는 직선과 잡음이 개입할 여지가 없는 삼원색만으로도 그들은 충분히 세계를 담을 수 있으리라 생각했습니다. 외면적 가치나 주관적이고 일시적인 감정이 아니라 맑고, 깊고, 순수한 정신의 세계를 그 안에 담고 싶었습니다. 그리고 마침내 그것이 우주를 꿰뚫는 질서가 될 수 있을 거라 믿었습니다.

바쁜 당신

하루 종일 불통이었습니다.
조금 있다가 전화한다는 말에
언제나처럼 다른 일이 손에 잡히지 않았습니다.
드문드문 걸려오는 다른 이의 전화는
기다림을 더욱 길게 만들 뿐이었습니다.

굳이 할 말이 많은 것도 아니었습니다.
다만 당신의 목소리를 듣고
당신과 함께 이 세상을 살아가고 있음을
생생하게 확인하고 싶었습니다.

그것만이,

둘러보면 늘 허망함으로 둘러싸인 세상을 견디게 하는

유일한 힘이기 때문입니다.

그러나 한나절을 기다려도

당신의 목소리를 들을 수 없었습니다.

은근히 짜증이 나기 시작했습니다.

얼마나 바쁘기에 내게

전화 한 통 걸어줄 시간이 없나요?

얼마나 내가 하찮기에

전화 한 통의 약속을 지키지 못하나요?

그렇게 잔뜩 못된 목소리로 물어보고도 싶었습니다.

사람이 참 우습지요.

별거 아니라 생각하면 그만인 것을 내내 마음에 품으면

어느새 반드시 이뤄야 할 목표가 되어버리니 말입니다.

바로 그때부터입니다.

급기야 나는 당신이 내게 전화를 걸어주지 않는 이유를
나름대로 추측하기 시작합니다.

처음에는 간단합니다.

그래, 그의 말처럼 바쁜 거야.

바쁜 당신, 내가 이해해줘야지.

거기서 한발 나아가면,

뭘 하느라고 그렇게 바쁘지?

혹시 내가 모르는 다른 사람을 만나고 있을까?

그렇게 바로 의심병이 나기 시작합니다.

그래도 계속 연락이 없으면

내가 싫어진 걸까?

정말 그런 거면 어쩌지?

상태가 정말 안 좋아집니다.

목, 어깨, 허리, 팔, 다리 힘이
쭉쭉 빠져나갑니다.
혼잣생각으로도 마음은 온통 너울질칩니다.
폭풍도 이런 폭풍이 없습니다.
나비 한 마리의 날갯짓이 만들어내는 폭풍이 아니라
당신의 부재가 만들어내는 폭풍입니다.
그렇게 내 안에는 모래바람이 불고
나무가 뿌리째 뽑혀나가고
눈물이 강물만큼 범람합니다.
그 물줄기가 심장을 흔들어대고
급기야 호흡이 가빠지고
얼굴은 달아오르고
눈빛이 평정을 잃습니다.
당신은 아무것도 하지 않았을 뿐인데
내 마음이 온통 폭풍입니다.

그때 드디어 전화가 걸려옵니다.

아, 당신의 목소리

여름 가뭄에 단비를 만난 나무의 기분을 알겠습니다.

처음 싹을 틔우는 씨앗의 몸짓이 느껴집니다.

당신이 내게 말합니다.

오줌 누고 고추 털 시간도 없을 만큼 바빴어.

나는 갑자기 기분이 좋아집니다.

오줌 누고 고추 털 시간을 아껴 전화를 걸어준

바쁜 당신이 너무 예쁩니다.

문득, 당신 고추가 보고 싶습니다.

■■ 해링,「글로리 홀」, 종이에 스프레이 에나멜 · 잉크 · 아크릴릭, 121.9×90.2cm, 1980

언뜻 보아서는 대체 무엇인지 잘 알아채기도 힘든 그림이 있는가 하면 그냥 스쳐 지나듯 봐도 피식 웃음이 새어나오게 하는 그림이 있습니다. 여러 겹 장막을 둘러야 더 예술성을 인정받는 것처럼 느껴지지만 그렇지 않고서도 충분히 우리 곁에서 예술인 작품도 있습니다. 키스 해링의 작품은 처음엔 그저 뉴욕 거리 곳곳, 지하철역 곳곳의 낙서였습니다. '그래피티 아트(Graffiti Art)'라고 하지요. 그의 그림은 그래서 말 그대로 낙서같이 보이지만 그 안에는 사랑하는 이와의 추억, 에이즈나 인종차별 문제, 핵전쟁에 대한 공포의 경고 같은 우리의 삶과 사랑의 흔적이 너무도 극명하게, 그러나 너무도 친근하게 담겨 있었습니다. 사람들은 그의 작품을 기꺼이 이웃으로 받아들였고, 오늘은 나 역시 그의 그림에 마음을 담아 보냅니다.

당신의 얼굴

그렇게까지 열을 올릴 일은 아니었습니다.
당신에게 투정을 좀 부리고 싶었던 거죠.
살다보면 그만그만한 억울함쯤 생기게 마련이고
나는 그 울컥거림을 혼자 무덤히 넘기지 못해,
예전 같으면 그냥 침대에 숨어 잠을 자거나
그 동안 보지 못했던 비디오를 쌓아두고 보면
충분히 풀릴 만한 일이던 것을,
부러 응석을 떨었던 거지요.
엄살이지요.

그런데 당신의 반응이 참 의외였습니다.

나보다 더 많이 화를 내면서

당장이라도 쫓아가 한마디 해줄 기세로

무서우리만치 성난 얼굴을 보였지요.

당신을 만나고 몇 달 만에

처음 보는 얼굴이었습니다.

지나는 길에 만났더라면

자칫 지나쳐버릴 만큼 낯선 표정이었습니다.

당신을 알고부터

시간이 흘러

나는 당신의 수많은 얼굴을 보게 됩니다.

웃는 얼굴, 시무룩한 얼굴,

졸리는 얼굴, 피곤한 얼굴,

흐뭇한 얼굴, 갈망하는 얼굴.

때 로 는 　 무 표 정 하 고

■■ 야블렌스키, 「명상」, 미분지 위에 붙인 리넨에 유채, 16×12.2cm, 1934(왼쪽)
　　야블렌스키, 「추상적인 머리—망령」, 마분지에 유채, 42.8×32.8cm, 1935(오른쪽)

때로는 사색에 잠겨 있기도 하지요.

■■ 야블렌스키, 「추상적인 머리—티끌」, 마분지에 유채, 42.7×32.9cm, 1935(왼쪽)
야블렌스키, 「큰 명상—나의 실수」, 리넨에 유채, 25×18.8cm, 1936(오른쪽)

매일매일

얼마나 다른 표정이

우리 얼굴에 깃들어 있는 걸까요.

마음이 무늬를 바꿀 때마다

다른 그 어떤 곳이 아니라

서로의 눈으로 가장 먼저 알아볼 수 있는

얼굴이 변한다는 건

참 신기한 일이지요.

나는 지금까지

당신의 얼굴을 얼마나 많이 보았을까요.

혹시라도 감당해내기 힘든 얼굴이 있는 건 아닐까

조금 겁이 나기도 하지만,

그 또한 내가

또 누구보다 당신이

딛고 넘어가야 할 산이라는 걸 알고 있습니다.

■■ 야블렌스키, 「큰 명상」, 마분지 위에 붙인 캔버스에 유채, 24.5×185cm, 1936

그리고 기왕이면 늘 웃는 얼굴이기를 바라요.

러시아에서 태어난 야블렌스키가 화려한 색채의 그림을 접고 다양한 얼굴을 그리기 시작한 것은 연인이었던 엠마 갈카 샤이어를 만난 후부터였습니다. 그는 그녀에게 '갈카'라는 애칭을 선물했지요. 러시아어로 '갈카'는 '새'를 뜻합니다. 그 새가 멀리 날아가기라도 할까, 1917년부터 시작된 그의 두상 연작에는 그녀의 웃는 얼굴, 화난 얼굴, 새침한 얼굴이 그 어느 것 하나라도 놓치지 않겠다는 의지처럼 남았습니다. 그렇게 그리다보니, 어느 순간 그 얼굴은 명상이 되고 종교가 되었습니다.

당신의 얼굴을 하나하나 마음에 담으면, 어느 날 당신도 나의 종교가 되어주실까요? 무엇이든 딛고 일어설 의지가 되어주실까요?

또다른 솔직함

무엇이 솔직한 건지 모르겠습니다.

당신에게는 무엇이든 잘 보이고 싶은 게 사실이거든요.

흐트러진 모습도, 지친 낯빛도

들키고 싶지 않아요.

참 괜찮은 사람이라고

이리저리 둘러보아도 퍽 멋있는 사람이라고

당신이 나를 그리 생각해주었으면 좋겠거든요.

내 삶을 만들어왔던 그 많은 일 중에서

혹시라도 당신과 비슷한 관심사를 들추어내고

또 당신의 열정이 담긴 일에 함께 기뻐해주어서

웬만하면 그렇게 당신에게 내가

참 잘 어울리는 사람이 되기를 늘 바라왔거든요.

그러니 어떻게 내가

헝클어진 머리카락을 보일 수 있겠어요.

어떻게 내가 교통 신호를 어길 수 있겠냐구요.

나는 솔직하지 못한 걸까요.

부러 나쁜 마음을 감추려는 게 아닌데,

뭘 더 과장하거나 속이려는 것도 아닌데……

당신에게 보여주는 내 모습은 마치

과일 상자에서 잘생긴 사과를 골라내는 것 같아요.

참 혼란스럽습니다.

그 반듯함을 누가 정해놓은 것도 아닌데

조금 긴장을 늦춘다고

누가 뭐라 하지도 않는데,

나는 당신을 대하기가 늘 조심스럽지요.

하지만 이것만은 알아주었으면 해요.

좋은 모습을 보여주려 애쓰는 것 또한

나의 솔직함이라는 걸.

언젠가 세수조차 하지 않은 얼굴로

당신을 맞더라도

그 또한 나의 솔직함이라는 걸요.

지금이야 차마 그럴 순 없지만

살다보면 미처

준비하지 못하고 맞는 시간도 오잖아요.

클림트의 스케치 한 점은

그런 내 마음을 조금 가볍게 해주었습니다.

■■ 클림트, 「웅크린 여인의 모습」, 흑연·크레용·수채, 54.9×34.8cm, 1909

이 여인은 고단한 삶 한 편에서

잠깐 휴식에 빠진 듯합니다.

늘 지나칠 만큼 화려한 의상에

눈부신 금색으로 치장을 한데다

독기마저 어린 눈빛을 지닌 클림트의 여느 여인들과

너무도 다른 모습이지요.

그 여인의 마음을 읽어내듯

클림트는 그저 몇 줄의 선과 간단한 붓 자국으로

그녀의 휴식을 도와주고 있었습니다.

어느 날 내가 또다른 모습으로 '솔직' 하더라도

당신은 클림트의 붓끝이 되어 나를 바라봐주세요.

그래 주실 거죠?

나 참 솔직하죠?

클림트, 「희망Ⅱ」, 캔버스에 백금·금·유채, 110.5×110.5cm, 1907~8

클림트는 모델을 선 여인들을 더욱 요염하게 만들어줄 화려한 곡선 장식의 모티프를 식물의 넝쿨과 꽃봉오리, 굽이치는 파도, 공작새의 깃과 같은 자연에서 찾아냈다고 합니다. 이러한 그림 성향을 중세 장인들의 손끝에서 나오는 섬세한 아름다움을 되찾으려 했던 독일권의 유겐트 양식(Jugendstil), 통칭하여 아르누보(art nouveau)라 부릅니다. 19세기 말부터 20세기 초까지 클림트는 서구 예술의 맥락 속에서 단연 돋보이는 작가였지요. 또한 그토록 아름다운 여인들을 만나서, 그의 눈부신 재능이 더 빛났습니다.

그 여인들처럼 찬란하진 못해도 당신에게 보여주고 싶은 내 마음은 꼭 그와 같다고 여겨주세요. 이 또한 솔직한 나의 바람입니다.

당신을 만나러 가는 길

포근하던 날씨 끝에

비로소 찾아온 겨울다운 추위였습니다.

유난히 오랫동안 버스가 오지 않았습니다.

별스럽게도 잘 붉어지는 내 얼굴이 어찌 되었을지

그냥 상상만 해도 잘 아시겠지요?

찬 기운으로 온통 얼얼해진 양 볼에

별반 다를 것도 없이 찬 손을

한참이나 대고 있은 다음에야

당신과 약속한 곳으로 가는 버스가 왔습니다.

버스 안, 사람들이 뿜어낸 따뜻한 기운은
금세 몸을 녹녹하게 해주었습니다.
그 온기가 마치 당신 같아서
벌써 당신을 만난 느낌이었습니다.
내가 보지 못하는 곳곳, 당신이 있었습니다.

비어 있는 자리를 찾아 다리를 쉬게 했더니
그만 추위에 긴장했던 몸이
스스륵 풀립니다.
얼어서 붉었던 얼굴이 녹아
다시 붉어집니다.

버스는 시원스레 뚫린 길을 쌩쌩 달렸습니다.
창가에 맺힌 이슬은 어느새 찬 바람을 맞아서
최두석 시인이 노래했던 성에꽃은
내가 탄 버스에도 어김없이 피어났습니다.

누굴 만나러 가는지,
어떤 약속이 있는지 모르지만
어디인가로 향하는 그 설레는 발걸음이
잠시 툴툴 버스 안에 모여서
두런두런 입김으로 피워올린 성에꽃.
내 숨결도 당신을 향해
그렇게 뭉게뭉게 성에꽃을 피우고 있었습니다.

그리고 나는 그 유리창에
당신의 이름을 써봤습니다.

누가 볼까 쑥스럽긴 했지만,
손가락 하나의 온기로 쓱쓱 그어지는
당신의 이름을 보며
기분이 참 좋았습니다.

썼던 이름에 가지를 더하면서
서서히 당신 이름을 지웠습니다.

또 그 옆자리에
다시 한 번 당신 이름을 썼습니다.

검지와 중지를 번갈아
그 이름을 몇 번이나 썼던지요.
손가락이 참 시렸습니다.
번진 당신의 이름과
슥슥삭 줄기가 늘어가는 성에꽃이
지나가는 풍경의 어른어른한 빛을 만나
유리창에 근사한 추상화를 만듭니다.
시린 손으로 몇 번을 쓰고 지워야
버스는 그곳에 다다를까요.

당신을 만나러 가는 길,

시린 손끝은

아무래도 좋았습니다.

■■ 칸딘스키, 「무제」, 두꺼운 판을 댄 종이에 수채물감·인디안 잉크·연필, 49.6×64.8cm, 1910(앞쪽)

칸딘스키의 화실, 어느 날 외출을 하고 돌아와 보니 그림 한 점이 뒤집혀 있었습니다. 아무것도 알아볼 수는 없었지만 그는 그 그림에서 지극히 강렬하고 선명한 감정을 느꼈습니다. 온전한 형태가 사라진, 완전한 추상화였습니다. 대상을 있는 그대로 묘사하거나 재현하지 않아도 그에 대한 감동을 담은 색채와 선만으로도 그림은 충분했습니다.

그러니 누가 뭐래도 유리창에 남겨진 성에꽃 그림은 나만의 추상화였습니다. 당신을 생각하며 그 이름을 쓴 것이 전부였으나 그것은 이내 당신을 품은 내 마음이 담긴 그림이 되었습니다.

당신의 두 눈

햇살이 좋은 오후입니다.

당신은 지금 무엇을 하고 계실까요.

지금쯤 커피를 한 잔?

아니면 뭔가를 열심히 검색 중인가요?

오늘은 어떤 옷을 입었을까요.

지난번 생일날 친구들에게 선물받은 옷?

머리는 또 분명 삐쭉삐쭉할 테지요.

구두코에 앉은 먼지는 좀 떨어내셨을까요.

가만히 앉아서 당신의 얼굴을 그려봅니다.

그러나 어쩐 일인지,

그 모습이 선명하지 않습니다.

눈앞에 있으면

수만 명 가운데서라도 찾아낼 수 있을 것 같은데

막상 당신의 얼굴이

쉽사리 떠오르지 않습니다.

턱이 각져 있었는지 아닌지

어디쯤에 점이 있었는지

도통 기억나질 않아요.

당신의 눈,

그 눈은 더더군다나 막막합니다.

늘 그 눈빛 하나에 흔들리곤 했는데,

내게는 너무 강렬했던

세상 어디를 가더라도 뒤쫓아올 것 같던 눈이었는데,

정작 나는 그 눈조차

떠올리지 못하고 있습니다.

어쩌면 당신의 눈은

차라리 비어 있던 게 아닐까요.

내게로 향해 있는 당신의 그 눈빛이

가득 차 있었다 느꼈던 것은,

그래서 너무도 많은 것을 말한다 생각했던 것은

내 착각이었을까요.

당신은 한마디 건넨 적도 없는 것을

나 혼자 그려내고 있던 건 아닐까요.

그래요, 어쩌면 모든 것이

한갓 오해에 지나지 않는지도 모르지요.

당신의 'ㄱ'과 나의 'ㄱ'은

애초에 다른 말인지도 모르지요.

■■ 모딜리아니, 「레오폴드 츠보로프스키의 초상」, 캔버스에 유채, 63×41cm, 1916

하지만 우린 오늘 저녁에도

따뜻한 밥을 함께하기로 했잖아요.

그 식탁이

서로 다른 말로 가득 차 있더라도

완전한 것을 꿈꾸는 우리 소망이 어긋나더라도

애초에 우리는

서로의 얼굴을 떠올리지 못하는 사람.

다만 텅 빈 채로 내게 오는

당신의 눈을 사랑하겠습니다.

모딜리아니, 「자화상」, 캔버스에 유채, 100×64.5cm, 1919

모딜리아니는 태생적으로 병약했습니다. 원래 조각가를 꿈꾸었으나 폐렴은 조각 재료의 분진을 이기도록 놓아두지 않았습니다. 그의 삶은 늘 가난했으며, 괴로움으로 방탕한 나날이 흘렀습니다. 그러나 그는 그 엇나간 삶의 한가운데서 텅 빈 눈의 사람들을 그려냅니다. 쓸쓸하고 애틋하지만 자유와 무한을 부르는 푸른 눈, 어쩌면 그 텅 빈 푸른 눈은 그의 팍팍한 인생을 한 발짝 건너서 보게 하는 창문 같은 것이었을지 모릅니다. 모딜리아니는 분명 제 삶을 견디지 못했지만 그의 그림은, 그 무엇보다도 투명하고 깊고 푸르게 세상 모두를 끌어안았습니다.

당신의 눈이 내게는, 지독하게도, 그러합니다.

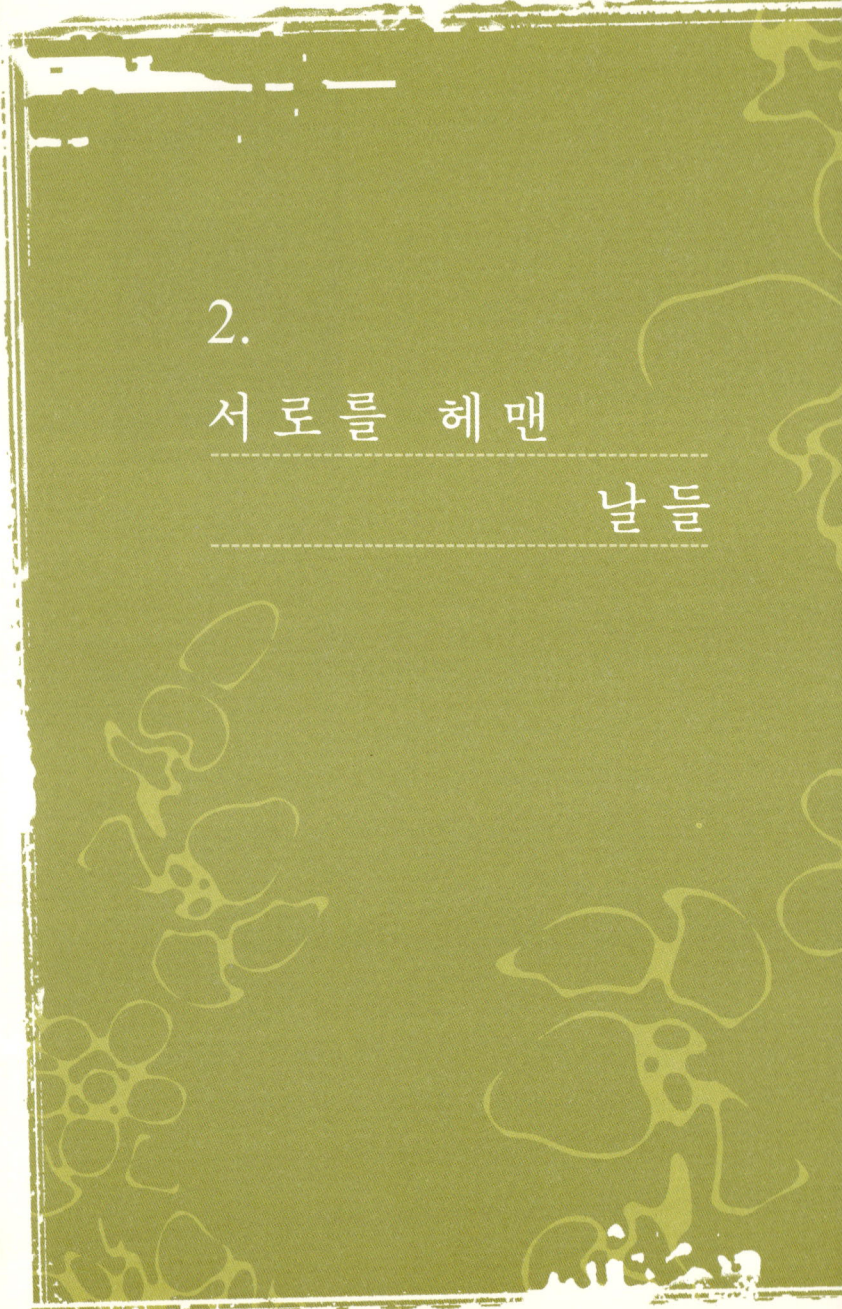

2.
서로를 헤맨
날들

좋은 날보다 미운 날, 서러운 날이 많았습니다.

당신이라는 부재. 당신이라는 불가능.

차마 이길 수가 없어서

도저히 참을 수가 없어서

때때로 우리는 서로를 버렸습니다.

그저 눈을 감던 날이었습니다.

지극히 커져버린 당신

당신에게는 아무래도

숨어 있기 좋은 방 하나가 있는 모양입니다.

당신 말곤 아무도 들어갈 수 없는 방.

아무리 문을 두드려도 나는 도저히 들어갈 수가 없는 방.

당신은 그저 방 안에서 천천히

바깥 풍경을 둘러보고 있지요.

내가 당신을 얼마나 애타게 부르고 있는지,

당신의 그 방으로 얼마나 들어가고 싶어하는지,

혹은 당신을 그 방에서 꺼내와

내 눈빛에, 내 손짓에

따뜻하게 반응해주길 원하는지,

하나하나 다 지켜보면서요.

생각만으로는 쉬이 넘나들 수 있을 것 같은 유리벽,

그 너머로

내 애타는 마음과

당신의 덤덤한 눈빛은

아무렇지도 않은 듯 서로 비껴갑니다.

발을 동동 구르고 있는 내 모습을

훤히 다 지켜보면서

그런 마음을 아는지 모르는지

당신은 그렇게

내 간절한 모습을 지켜보고,

내 애절한 목소리를 듣고도

다만 가만히 있을 뿐입니다.

당신의 숨소리, 그 온기조차
내게는 손만 뻗으면 닿을 거리에 있는데
그 유리벽을 깨뜨릴 방법은
정말 없는 걸까요.
나를 바라보는 당신을,
너무도 지극한 현실인 당신을,
바로 내 눈앞에 있는 당신을 두고
나는 도대체 어찌할 바를 모릅니다.

내가 당신을 불러낼 때마다
방문을 빠져나오지 못하게,
내가 그 방으로 들어가려 할 때마다
아예 방 안으로 비집고 들어갈 틈조차 없도록
못되게도, 얄밉게도
지극히 커져버리는 당신.

■■ 마그리트, 「청강실Ⅰ」, 캔버스에 유채, 80×100cm, 1953(앞쪽)

당신은 그런 나의 욕망입니다.
실낙원을 유혹했던 금단의 사과입니다.

마음의 갈증이 깊을수록
기어이 더 튼튼하게 자리를 트는
묵묵한 당신을 보면서
안타깝게 당신을 부르기만 하는 내가
미동도 없이 듣기만 하는 당신을,
그런 당신과 하나이기를 꿈꿉니다.

그 꿈이 사과처럼 익어갑니다.
그 꿈이 사과처럼 부풀어갑니다.

나는 당신을, 사과를 불러낼 수 있을까요?
오로지 듣기만 하는, 방에 갇혀 있는, 혹은 숨어 있는
당신을, 사과를 나는 언제쯤 만질 수 있을까요?

마그리트, 「붉은 모델」,
캔버스에 유채,
183×136cm, 1937년경

언뜻 보기엔 아무런 문제가 없어 보이지만 사과가 들어갈 수 있을 만큼 큰 문이 있지 않고서야 저 상황은 불가능합니다. 그렇게 크지 않는데, 그냥 손바닥만 한 사과였는데, 방 안에서 꺼내려 했더니 사과는 그만 엄청나게 커져버렸습니다. 마음에 품으면 품을수록, 욕망이 커지면 커질수록 사과는 나의 현실에서 멀어져갑니다. 꼭 당신처럼요. 삶은 어쩌면 그런 엇나감의 연속인지도 모르지요. 나는 당신을 알고 싶지만, 당신과 당신의 이름과 당신이라는 사람의 본질을 관통하는 것은 애초에 세상에 없을지도 모르지요. 마그리트의 작품은 늘 그런 식이었어요. 굳건하게 믿었던 것과 그것의 이름과 그 의미가 늘 비껴가는 것. 그러나 우리는 누구나 그 연쇄적인 허무함에 기댈 곳을 만들고 싶어하지요.

그 마음의 주변을 서성이다

분명 잠시 들른다는 말을 들은 터였습니다.

저녁식사 약속이니까 밥은 먹고 갈 거야

따뜻한 차 한 잔이면 좋겠어,

당신은 말했습니다.

난삽해진 방을 정리하고

당신에게 내어줄 향 좋은 차를 골랐습니다.

언제 올지 모르는데도

물을 미리 한 번 끓여두었습니다.

약속을 참 잘 어기는 당신이었습니다.

내가 쉬이 용서하는 게 버릇이 되었던가요.

오늘도,

준비한 찻잔을 물끄러미 바라보다가

자정을 넘겼습니다.

아마도 저녁식사 무렵

반주를 한 잔만 걸친다는 게

두런두런 길어진 탓이겠지요.

언제부터인지 잘 모르겠지만,

당신이 힘들어한다는 걸 알았습니다.

무척 강건해 보이지만

술 한 잔에 약해질 줄도 알아서

예고 없이 술자리가 생기는 날에는

나와의 약속을 지나치곤 하는 당신.

내 곤한 잠을 깨울까 싶어
겨우 집 앞까지 왔다가
차 안에서 잠들기를 여러 번 했었다는 당신.

술기운을 빌려,
내게 서운한 마음을 전하는
당신의 말없는 시위일까요.
그런 당신의 마음을 아프게 떠올리며
나는 묵묵히 방 안에 앉아
당신을 기다리는 건지,
내 인내를 기다리는 건지,
알 듯 모를 듯해갑니다.

기어이 새벽이 오고야 말았습니다.
오늘도 전화 한 통 없이 어둠처럼 기다림만 깊었습니다.

나는 혹시나 하는 마음에

골목을 뒤적이기로 마음먹습니다.

어디쯤 당신의 차가 서 있을지 모릅니다.

당신이 여기까지 왔다는 확신도 없이

나는 그 한밤중에 대체 무얼 찾아다닌 걸까요.

좁은 골목은 이내 차들로 빼곡합니다.

하나하나 빠짐없이 살피다보니

퍼뜩 너무 먼 곳까지 걸어왔다는 생각이 들었습니다.

아쉬운 마음을 접고 다른 골목길로 돌아옵니다.

아, 그런데

당신 차가 한눈에 들어옵니다.

반가운 마음에 몇 걸음을 달려

창문 안을 들여다보았습니다.

하지만 당신은 보이지 않습니다.

어디에서 찬 밤기운을 피했으려니 싶으니까

한편으론 마음이 놓이고

여기까지 와서 대체 어디 있는 걸까 생각하니

마음이 저릿저릿해집니다.

나를 만나러 오겠다던 당신

어디쯤 있는 걸까요.

무엇이 당신의 걸음을 그토록 힘들게 하는 걸까요.

분명 나일 터인데, 당신 힘들게 할 사람 나밖에 없는데,

나는 왜 당신의 마음을 모를까요.

왜 골목까지 찾아온 당신 발걸음을

기어이 멈추게 할까요.

■■ 쇠라, 「상류에서 본 크로투아 풍경」, 캔버스에 유채, 70.5×86.7cm, 1889

그림에 담아야 할 햇살과 풍경은 넘치고,

그 모습을 담기엔 화폭이 모자라다, 화가가 생각했듯이

서로 애틋함 넘치는 우리는

서로 길을 잃어버린 걸까요.

당신은 자동차를 허물처럼 벗어두고

어디에서 이슬을 피하고 계실까요.

그 밤 내내

마음이 마치 액자를 떠도는 점점이 그림 같아

당신 차에 기대어 한참을 울었습니다.

쇠라, 「뒤돌아선 모델」,
나무에 유채, 25×16cm,
1887

시시각각 변하는 태양빛을 화폭에 담은 사람들이 인상파 화가들이라면, 그것을 조금 더 과학적으로 분석한 사람들은 쇠라를 비롯한 신인상파 화가들이었습니다. 그들은 셀 수 없이 많은 색이 존재하는 것이 아니라, 기본이 되는 몇 개의 색채가 하나의 망점이 되어서 사람의 눈, 더 정확히 망막 위에서 재조직되어 많은 색을 만들어낸다고 생각했지요. 미술시간에 배웠던 병치 혼합, 그러니까 노랑과 빨강의 점을 차례로 찍어놓은 화면이 어느 순간 주황색으로 보인다는 원칙을, 신인상파 화가들은 그들만의 조형언어로 발전시켰습니다. 그림 속에는 그저 서로 동떨어진 색 점이 다르게 흩어져 있을 뿐인데 우리의 눈은 이내 그 둘, 혹은 세 개의 색 점을 하나의 색으로 받아들이는 것이지요.

또한 그림을 넘어 액자를 떠도는 무수한 점으로 무슨 말을 하고 싶었던 것일까요. 풍경은 넘치고, 화폭은 작습니다.

당신은 내게 벅차고,

내 마음은

그런 당신을 담기가 버겁습니다.

당신이 보여주었으나

내가 차마 담아내지 못한

그 마음은 그저 점점이 떠돌 뿐입니다.

당신이 참 보고 싶습니다.

나의 디에고

선천성 소아마비.

몸통과 허벅지를 전차 기둥이 관통한 교통 사고.

혁명가이며 위대한 화가이자

서로 끔찍이 사랑했으나

너무도 불성실했던 남편 디에고 리베라.

그와의 이혼.

그와의 재결합.

세 번의 유산과

일곱 번의 척추 수술.

그리고 그 모든 것을 견딜 수 있게 해주었던 그림.

화가 프리다 칼로,

멕시코의 국보가 되어버린 그녀의 그림과 함께

빼놓아선 안 될 이야기입니다.

평생 한 번도 생기지 말아야 할 일이

그녀에겐 왜 이다지도 많았을까요.

시련은 왜 그녀를 비켜가지 않은 걸까요.

그에 비하면

내 인생은 평탄하기 그지없지요.

가정에 충실한 부모님,

크게 욕심내지 않은 꿈,

건강한 몸,

나를 간신히 피해갔을 많은 사고,

나을 만했던 상처,

견딜 만했던 아픔.

특별히 잘난 것도, 못난 것도
넘칠 것도, 모자랄 것도 없었기에
나는 그저 평범하게 지금껏 잘살고 있는지요.

하지만 당신.
'디에고와의 만남은 나의 두번째 사고'라고
프리다가 말했듯이
내게도 당신을 만난 건 사고였습니다.

하늘 끝에 닿을 만큼 기쁘다가도
나락으로 떨어지는 절망에 허우적거리는
당신 이후의 날들.

세상에 벌어지는 모든 일은 당신 때문이었습니다.

나를 이리저리 뒤흔드는 당신.

내 몸에 무자비한 화살을 꽂는 당신.

■■ 칼로, 「다친 사슴」, 나무에 유채, 22.4×30cm, 1946

당신은 나의 디에고,
나는 당신의 프리다입니다.

그러니 당신의 말 한마디, 눈빛 하나가
내게는 마비를 일으키고
뼈를 뚫는 전차 사고이며
유산의 아픔이 되는 걸요.
나는 그녀처럼 그림을 그릴 수 없어
그저 그 그림을 보며 위안을 찾습니다.

■■■
칼로, 「프리다와 디에고 리베라」,
캔버스에 유채,
99.4×78.7cm, 1931

사람의 마음이란 참 간사하지요. 어려운 일을 당한 사람을 보면, 마음이 퍽 안되었다 싶다가도 이내 그 상황이 나에겐 위안이 되어버리니까요. 저만한 어려움도 있는데, 저만한 아픔도 있는데, 그에 비하면 나의 시련은 그저 꽃샘추위에 지나지 않습니다. 세월이 지나면 사연 없는 사람이 어디 있겠냐만은, 프리다 칼로와 디에고 리베라의 사랑, 그 지독하고 처절한 사랑, 또한 그런 사랑을 품은 그녀의 삶, 그것을 이겨나간 그녀의 그림은 앞으로도 참 많은 사람들에게 힘이 되어줄 것 같습니다. 내게도 그것은 이미 낮은 격려가 되어 어느새 당신으로 인해 아픈 날들을 그저 견딜 만한 추위로 만들어줍니다.

당신이 남긴 먼지

몇 번을 만나고 또 헤어졌으나

오늘 나는 다시 그대를 잡지 못하였습니다.

남겨두었던 것 하나하나 챙겨 거두려는

당신의 모습을 묵묵히 바라보면서,

어느 것 하나 내가 할 수 있는 일은 없었습니다.

다만 무엇을 빠뜨렸는지, 놓치는 것은 없는지

함께 살펴줄 뿐이었습니다.

물론 지난번, 또 그 전번과 마찬가지로

우리는 별것 아닌 일로 다투었습니다.

그리고 언제나처럼

몇 마디 말로 서로의 주변을 서성이다가

오늘은 누가 먼저였던가요,

다시 헤어지잔 말을 꺼낸 것이.

그렇게 다시 만날 날을 기약하지 못하는

이별을 맞습니다.

한 번씩 헤어질 때마다

마치 채권 채무를 따지는 사람들처럼

일일이 무언가를 짚어가는 것은

곤혹스러운 일이었습니다.

하지만 겨를 없이 벌어지는 일임에도

나는 애써 무엇이 나의 것이고 당신의 것인지

따져 묻고 있었습니다.

끝끝내 묵묵한 당신에게 나는 한마디 쏘아붙였지요.

"당신이 남긴 먼지 한 톨도 다 주워 가."

우습지요. 먼지를 어떻게 챙겨 갈 수 있다는 말인지.

나는,
가지 말라는 얘기를,
그렇게밖에 할 수 없었습니다.

당신이 내게 남긴 것은
앙금이 되고 화석이 된 지 오래인데,
나는 대체 당신에게
무엇을 되찾아가라고 한 것인지.
그것이 가당키나 한 말이었나요.

흩뿌려진 물감처럼,
이제는 그것의 시작과 끝,
처음과 마지막을 찾기 어려울 만큼
당신은 이미 내 삶과 함께인 것을,

■■ 폴록, 「라벤더 안개 Number 1. 1950」, 캔버스에 유채, 300×221cm, 1950(앞쪽)

그러므로 당신이 내 삶에 남긴 먼지는

이미 커다란 우주,

걷어낼 수도 없는 거대한 은하수가 된 것을.

되돌아온 지난 시절처럼

나는 다시

당신이 돌아올 것을 믿습니다.

아, 그것은

정말 섣부른 바람일까요.

캔버스 위로 수없이 많은 물감을 뿌려 완성되는 잭슨 폴록의 그림은 특별히 어느 한 부분을 강조하지 않고 화면 전체를 평등하게 만들어놓았습니다. 특히 커다란 캔버스 위로 직접 올라가 온몸을 던지는 '뿌리기' 기법은 그림을 그리는 사람마저 화폭과 하나가 되는 순간을 만들어내지요. 그 위에서 시간은 정지하고, 그 어떤 경계도 사라집니다. 캔버스에 흩뿌려진 물감의 흔적은 그리하여 더 이상 하나하나 동떨어진 것이 아닙니다.

당신이 내 삶으로 건너 들어와 남긴 흔적 또한 그런 것이니, 나는 도저히 작은 먼지 하나라도 걷어낼 수가 없습니다. 되돌릴 수도 없고, 남겨둘 것과 보낼 것을 떼어놓을 수도 없습니다. 그 모든 것이 하나이며, 그와 나 또한 하나입니다. 그렇게 당신은 이미 나이며, 나는 이미 당신입니다.

당신과 싸우던 길

버스를 타고 집으로 향하는 길

무심히 창 밖을 보다가

팔차선 도로 한가운데 서 있는 사람들을 보았습니다.

혹시나 차에 치이면 어쩌나 조바심을 내며

가만히 보니

두 사람,

목소리는 전혀 들리지 않았지만

싸우고 있었습니다.

분명, 연인이었습니다.

퇴근길, 차들은 겹겹이 줄을 지어

그 연인을 피해갑니다.

도로에서 얼른 비키라고

누구 하나쯤 소리 지를 법도 한데

꽤 오랜 시간

차들은 그저 연인을 비켜 제 갈 길을 갑니다.

정류장을 지나며

그 풍경을 한참 바라보았습니다.

나는 왜

당신과 싸운 일이 더 많이 기억에 남았을까요.

좋았던 일도 참 많았는데……

불쑥 안겨주었던 국화꽃 다발,

계획 없이 떠났던 여행,

달리는 차 안에서 목청껏 부르던 노래……

그런 것들도 많은데
왜 힘들게 싸우고 많이 아팠던 기억이
더 선명할까요.

나를 가장 솔직하게 만들어주었던 것은
당신과의 싸움.
주변에 흘러가는 것, 그 무엇 하나
눈에도 귀에도 들어오지 않았습니다.
어디서 그런 용기가 생겼던지.
평소엔 여간해서 화낼 줄도 모르는 내가
지나가는 사람들 시선에 아랑곳없이
버럭버럭 고함을 질러댔지요.
당신 얘기를 꼭 들어야겠다고,
이렇게는 당신을 보낼 수 없다고.

■■ 샤갈, 「도시 위로」, 캔버스에 유채, 67.5×91cm, 1924

발걸음이 붐비는 길이었지만,

내게 그곳은 이미 다른 사람들이 지워진 공간이었습니다.

마치 나와 당신을 위한 무대인 듯

주변의 소음은 잦아들고,

사람들의 시선은 멀어졌지요.

다툼도 치열한 사랑의 흔적,

돌아보면

그곳이야말로 당신과 나만의 공간이었지요.

팔차선 도로 한가운데 서 있던

그 연인처럼.

진정한 자유란 결국 사람의 마음에 달렸음을 깨닫습니다. 어쩌면 그것은 외부와의 교류를 완전히 차단한 상태에서 가능할지도 모르지요. 내 생각과 판단에 그 누구의 시선도, 그 어떤 힐난도 개입하지 않을 때, 나는 진정으로 내 안에서 끌어오르는 것을 만나고 또 그것을 표현해낼 수 있을 것 같습니다. 러시아 태생의 유대인이었던 마르크 샤갈은 평생 그런 자유를 갈망했습니다. 이념적 갈등이 첨예했던 조국 러시아에서 두 번의 세계대전으로 이어진 격동의 현대사를 겪으면서 그는 언제나 사랑하는 아내 벨라와의 자유로운 삶을 꿈꾸었고, 그들만의 공간을 그림 속에 담아냈습니다.

너무나 자유로운 나머지 아예 공상적이기까지 한 그의 그림을 보면서 나는 참 어처구니없게도 당신과 기를 쓰며 싸우던 일이 떠올랐지요. 그때가 나와 당신의 가장 자유로운 순간이었다고 한다면, 당신은 그저 엷은 웃음을 보내실까요?

당신이 없는, 당신의 초상

남들이 보면 참 사소한 일이라 생각하겠지만

당신과 말다툼 끝에 돌아서는 밤은

늘 속이 어지러울 만큼 힘든 걸음이었습니다.

내가 사랑하는 당신도,

당신을 사랑하는 나도,

모두 혼란스러웠습니다.

당신은 내가 알고 있던 사람이 아닌 것 같았습니다.

또한 나 역시 내가 알던 내가 아니었습니다.

왜 그렇게 서로 다른 사람임을

악다구니로 설득시키며

신경을 곤두세웠던지.

한없이 넓은 마음을 가졌더라면 좋았을걸 하며

나를 탓하다가

고백하건대, 이내 그 화살을 서서히 당신에게로 돌려

당신을 향한 원망을 키웠습니다.

내가 물러서지 못한 한 발은

곧 당신이 물러서주지 않은 한 발이 되었습니다.

책상 앞에 앉아서 서운한 생각에 골몰하다가

벽 한 편에 붙여놓은

데이비드 호크니의 그림을 보았습니다.

그는 이 그림에 '예술가의 초상'이라는 제목을 달았는데

갑자기 왜 예술가의 초상인지가 궁금해졌습니다.

보통 예술가의 초상은

얼굴이 정면을 향해 드러나 있는 그림이게 마련인데……

궁금한 것은 엉뚱한 대답이라도 하나 내놓고 봐야 하는

내 못된 성격을 잘 아시지요?

나는 당신 생각을 잠시 잊고

예술가의 초상에 예술가가 없는 까닭을

찾아내고 있었습니다.

예   술   가   는   대   체

어 디 에 있 는 걸 까 요 ?

■■ 호크니, 「예술가의 초상」, 캔버스에 아크릴릭, 214×304.8cm, 1971

붉은 재킷을 입고 수영장 밖에 서 있는 사람은

피터 슐레징어,

속옷 차림으로 수영을 하는 이는

작가의 친구였던 존 세인트 클레어입니다.

정작 예술가 자신은 모습을 나타내지도 않았습니다.

이 그림을 그릴 무렵은 화가가

참 많이 사랑했던 사람과 헤어진 다음이었는데,

그 사람이 바로 피터였습니다.

떠나가버린 사람을 향해 빨갛게 타오르는 욕망처럼

피터에게 빨간 재킷을 입혔습니다.

그런 피터가 물속을 내려다봅니다.

물속에서 수영을 하는 사람은

그의 시선을 느끼지 못합니다.

그림 속에서나마 사랑했던 사람과 다시 만나면서

화가는 제 모습을 드러내길 망설였던 걸까요.

그래서 자기 대신 존이라는 친구를

수영장 안에 넣어놓은 건 아닐까요.

그리고 어쩌면 자기 모습은

이제 만나서는 안 되는 사람과의 어긋난 조우,

나를 대신해 밀어넣은 친구의 세상을 향해 내민 등짝,

연극무대 같은 인생에서 한발 밀린 것 같은 아쉬움,

그렇지만 기어이 뭔가 한마디 해야 할 듯한 갈증,

그런 것 속에서,

그런 부재의 풍경 속에서

나타난다고 말하고 싶었던 걸까요.

생각이 거기까지 미치자

퍼뜩 당신 얼굴이 떠오릅니다.

호크니가 예술가의 초상에 예술가는 없지만

기어이 사랑하는 이의 부재를 통해

자기 초상을 그려낸 것처럼

내가 그린 당신의 초상에

정작 당신이 없던 것은 아닐까요.

내게 당신은

나를 향해 웃는 당신의 환한 얼굴이 아니라

당신의 부재가 안겨주는 고통,

당신이 나와 같은 사람이 아니라는 사실을 깨달으며

느끼는 두려움이라는 것을

나는 애써 외면해온 게 아니었을까요.

이제야 서둘러 당신과 다툰 일을 반성해봅니다.

다만 당신과의 다툼뿐 아니라

내가 내 맘대로 그려놓은 당신의 초상도 쓱 지워봅니다.

돌아서 후회하기 전에,

눈물을 흘리며 기어이

당신의 부재를 내 초상화로 그리기 전에,

당신이 내게 오는 적나라한 모습을

오히려 더 인간적인 그 모습을

많이 사랑해야겠다고 마음먹습니다.

당신, 내가 먼저 미안하다고 말해도 되죠?

바로 용서해줄 거죠?

숲 한가운데 있는 수영장과 그 안에서 수영복 차림으로 수영을 하고 있는 사내, 또 그를 쳐다보는 한 남자가 만들어내는 그림 속의 풍경은 아주 일상적인 모습이지만 왠지 모를 낯섦을 풍겨냅니다. 데이비드 호크니는 어린 시절 집으로 돌아오는 길에 평소 즐겨 앉던 안락의자를 길가 공중전화 부스 옆에 놓고 팔려고 내놓은 당구대의 문의 전화를 기다리는 중이라며 신문을 읽고 계시던 아버지를 보았다고 합니다. 길가에서도 마치 집 안에서처럼 편해 보이던 아버지의 모습은 호크니에게 설명할 수 없는 기이한 느낌을 주었고, 그때의 일은 이후의 작품에 지속적으로 등장하는 아주 평범하면서도 기묘한 장면들의 원천이 됩니다. 서로 함께 존재하지 않을 것 같은 모습을 한 화면에 담아내는 것, 호크니의 작품이 주는 매력은 바로 거기에 있습니다.

저런 면모가 있던가 싶게 느껴지는 당신의 새로운 모습 또한 내겐 어느새 호크니의 작품처럼 다가옵니다.

이제야 서둘러 당신과 다툰 일을

반성해봅니다.

다만 당신과의 다툼뿐 아니라

내가 내 맘대로 그려놓은

당신의 초상도 쓱 지워봅니다.

돌아서 후회하기 전에,

눈물을 흘리며 기어이 당신의 부재를

내 초상화로 그리기 전에,

당신이 내게 오는 적나라한 모습을

오히려 더 인간적인 그 모습을

많이 사랑해야겠다고 마음먹습니다.

호크니, 「나의 부모님」,
캔버스에 유채,
183×183cm, 1977

투쟁의 기술

헤어지자고, 헤어지자고
맘먹고 돌아서는 길은
앞뒤 가릴 것 없이 후련했습니다.
혹 마음이 상할까 아꼈던 원망도
시간을 두고 차분히 다잡아주리라 다짐했던
당신의 그 못된 성격에 대한 질타도 훌훌 털고 나니
그리 시원할 수가 없었습니다.

사랑은 더 많이 내어주기 위한 투쟁이며
사랑하므로 함께 지낸다는 건

서로 제자리를 넓히려는 투쟁이더라 했던

그 누군가의 조언이 가슴을 후볐습니다.

우리 중 누가 되었든,

그 두번째 투쟁에서 번번이 지고 말았던 거죠.

그거 하나 받아줄 마음이 없었냐고,

겨우 그만큼 당신을 향해 달려간 것이

당신을 무너뜨릴 만큼 커다란 속도였냐고

당신을 앞에 두고 나는 쉼없이 거친 눈빛을 보냈습니다.

처음 당신을 만났을 때

나는 우리의 모습이 꼭 저 그림과 같기를 바랐습니다.

그저 흰색 위에 흰색을 덧발라서

언뜻 보면 잘 구분조차 되지 않습니다.

그래서 무엇이 바탕이고 무엇이 얹혀진 것인지

단번에 알아내기 힘들지만

분명 다릅니다.

지극히 고요하고 평화롭게 함께 있는 모습,
서로가 서로의 배경이 되어주면서
하나이면서 둘이고, 둘이면서 하나인 그 모습에
적어도 한동안 서로 동의하기를 주저하지 않았습니다.

그토록 자연스럽게 우리가 참 좋은 둘이라고 믿었던,
그래서 아예 참 괜찮은 하나라고 믿었던 시간은
옅은 금을 내면서
조금씩 조금씩 갈라져갔던 거지요.
토해내듯 당신에게 아픈 말을 퍼붓고
그 밤, 돌아서 오던 골목길 위로
슬쩍 불어오던 바람이
얼마나 상쾌하던지요.
차라리 잘되었다고,
그렇게 힘들 거라면 차라리 헤어지는 게 낫다고,
나라도 해줄 만한 위로가 들려왔습니다.

■■ 말레비치, 「흰색 위의 흰색」, 캔버스에 유채, 78.7×78.7cm, 1918

그날들을 이제와 다시 한 번 떠올려보면

참 철도 없었지요.

아무것도 모르면서

어떻게 서로를 바라봐야 하는지도 모르면서

꿈과 이상만 높았던 시절이었지요.

감히 말레비치의 그림과 같은 모습을 바라다니.

지금이라고 그리 잘해내진 않지만

서툴렀던 그때에 비하면

우린 이제 투쟁의 기술을 좀 익혔다고 말할 수 있겠지요.

사막 같은 날들을 견뎌야 비 한 줄 맞게 되는 것처럼

어떤가요, 당신.

지금은 우리, 그 그림과 좀 닮아 있나요?

■■
말레비치, 「검은 사각」,
캔버스에 유채,
79.4×79.4cm, 1929

대부분의 추상미술이 그림으로 다다를 수 있는 순수한 세계를 갈망했듯이 말레비치의 작품 또한 눈에 보이고 손에 잡히는 것을 초월하려 했습니다. 그 어떤 방해물도, 감각적인 눈속임도 없이 세상을 이루는 탄탄한 바탕, 그 거대한 질서를 담아내려 했던 거지요. 그 무엇으로도 흔들어놓을 수 없는 절대적인 경지, 늘 그곳을 향해 가고 싶어했기에 말레비치는 자신의 그림을 스스로 절대주의라고 일컬었습니다.

당신과 나의 관계가 가질 수 있는 절대적인 순수함은 무엇일까요? 그림을 위해 화가가 고군분투하듯, 우리는 좀더 싸워봐야 알겠지요. 그 기술을 터득할 때쯤, 어렴풋하게나마 그곳에 다다를 수 있을 것도 같습니다.

3.
나를 딛고 비로소 당신

당신은 나의 철학이자 심리학.

또한 사회학이며 예술학.

선불교이며 노래방.

나를 혹독하게 딛고 비로소 당신

기를 쓰고 이겨야 비로소 당신

스며들다

처음엔,

당신의 까무잡잡한 피부가 내 눈을 끌었지요.

남들이 보면 참 우습다 할지 모르겠어요.

아직 당신에게 단 한 번도 말한 적 없었지만

내 눈엔 말 그대로 당신의 그 구릿빛 피부가

얼마나 좋아 보이던지.

좀 쑥스럽긴 하지만 좀더 용기를 내어본다면

그때, 당신을 처음 보았던 그때

그 살갗이 얼마나 만져보고 싶었는지 모릅니다.

당신을 조금씩 알아가면서

내 눈에 띄기 시작한 것은

아무리 눈을 닦고 보아도 내게서는 찾을 수 없는 것,

나는 아무래도 할 수 없는 것,

그러나 당신은 아무렇지도 않게

이미 품고 있던 것들이었지요.

그런 당신이 참 부러웠고,

아마도 나는

당신의 그것을 갖고 싶었는지도 모릅니다.

하지만 시간이 흐르면서

나는 당신 또한 한 사람이구나,

나처럼 모자란 구석도 많고

보살핌이 필요한 사람이구나, 하는 것을

깨달아가고 있었습니다.

처음엔 그것이 견딜 수 없었으나

나중에는 그것이 세상을 견딜 힘이 되었습니다.

그리고

어느 순간

우리가 서로에게

서서히

천천히

스며들고 있다는 걸 알게 되었습니다.

■■ 로스코, 「가벼운 지구와 푸른 색」, 캔버스에 유채, 191.1×170.2cm, 1954

참 다른 색을 가진 사람이 만나서

서로의 경계를 허물고

다른 것은 다른 대로

같은 것은 같은 대로

서로에게 스며드는 일.

모난 것도 없이

우길 일도 없이

있는 그대로

서로를 받아들이는 일.

시간이 아주 많이 흘러가면

우리는 어떤 모양의 그림이 되어 있을까요?

서로 참 많이 닮은 모습일까요?

우린 얼마나 닮아갈 수 있을까요?

나는 벌써 그 훗날의 모습이 궁금한 걸요.

조바심을 낼수록

더디 간다는 것을 알면서도 말예요.

아, 당신

나 좀 말려줘요.

이 그림을 그린 마크 로스코는 색과 형태의 관계에는 관심이 없었습니다. 그를 사로잡은 유일한 관심사는 비극, 황홀, 운명 등에 대해 느끼는 인간의 감정과 그 감정을 넘어서 존재하는 정신성을 어떻게 표현하는가였지요. 대중적인 성공과 그를 향한 지나친 관심은 말년의 그를 우울증으로 몰아넣어 결국 자살에 다다르게 했지만 그의 작품은 그 어떤 설명 없이도 그가 생전에 품었을 수많은 감정을, 또한 희로애락과 시시비비를 거쳐 도달한 종교와도 같은 고요함을 하나하나 보여주고 있는 듯합니다.

서로 다른 색이 하나의 그림 속에서 화해하듯, 우리도 그렇게 화해하기를, 기쁘게 스며들기를 소망합니다.

핑크빛 사랑을 꿈꾸다

이제는 참 유치한 말이 되어버렸네요.

'핑크빛 사랑'이라는 말.

속이 근질근질하고 팔뚝에 소름이 돋지요?

웬 낭만주의 시대의 언사냐고 물으실 테지요?

핑크, 우리말로는 분홍, 선홍쯤 되는 색입니다.

진달래 색도 그렇고

말 그대로 살색 또한 그렇지요.

얼마나 꿈만 같은 색깔이기에

사람들은 그런 말을 생각해내었을까요.

사람들이 태어나기 전에
열 달을 머무는 동안 보아온 어머니의 자궁 색이
아무래도 영향을 많이 주었겠지요.
기억해낼 순 없지만
감은 눈 위로 아슴푸레하게 비치던 그 빛은
누가 뭐라 해도 핑크빛이었을 테니까요.

그래서일까요.
어머니의 완전한 자궁, 그 안에서의 완전한 순간을
핑크빛이라고 말하는 것일까요.

당신과 그렇게
'핑크빛'에 관한 이야기를 나누고 돌아오면서
내 머릿속을 가득 채운 것은
한 점, 고갱의 그림이었습니다.

지극히 평범하고도 무난했던 도시의 삶을 버리고
심지어 아내와 아이들까지 버리고
홀연 타히티로 떠나버린 고갱은
왜 하필이면 그곳의 대지를 분홍으로 그린 걸까요.

고갱이 머릿속에 그리고 있던 계획을
누군가에게 이야기했다면 그 누구라도
그것이야말로 핑크빛 꿈이라 했겠지요.
현실을 그렇게 박차는 것은
용기이자 무모함이며,
결단이자 도피일 테니까요.

■■ 고갱, 「해변의 기수」, 캔버스에 유채, 73×92cm, 1902

■■ 고갱, 「자화상」, 종이에 연필, 36×26cm, 1900

하지만 바로 그것이

고갱 자신에게 가장 행복하고도 완전한 삶이라면

그 누구도

막을 수 없는 일이었을 겁니다.

그리고

나는 당신이 그리는 분홍의 대지가

무척이나 궁금합니다.

어느 날 갑자기 당신 또한

이제야 분홍의 땅,

평안과 안식을 줄 완전한 땅을 찾았노라고,

그간의 모든 추억과 흔적과 아픔과 절망을

또 환희의 순간들을 모두

홑겹 옷을 훌훌 벗어던지듯 내버리지 않을는지요.

그것이 무엇이든, 지금 나는 다만
당신의 분홍과 나의 분홍이 같은 색이기를,
버리고 떠나 찾게 되는 땅이 같은 곳이기를
바랄 뿐입니다.

고갱, 「유쾌함」, 캔버스에 유채,
75×94cm, 1892

고갱은 나이 서른이 다 되어서야 그림을 시작했습니다. '일요화가회'라 부르던 아마추어 동호회에서였습니다. 시간이 지날수록 그림은 고갱의 삶 속에서 점점 더 큰 영역을 차지하게 되었고 서른다섯에 이르러 기어이 직장을 그만두고 그림에만 전념합니다. 그는 새로운 삶과 그만의 방식을 원했습니다. 원근법은 오간데 없고, 지평선도, 하늘도 그저 색면으로만 묘사되었으며, 인물들을 굵직하고 어두운 선으로 테두리를 둘렀습니다. 하지만 무심한 듯 내던진 색면과 선은 그의 그림에 상징성을 더하고, 이국적인 풍경과 과감한 색채는 그의 인생만큼이나 강렬합니다. 고갱이 바랐던 '분홍'은 그런 것이었겠지요.

내가 꿈꾸는 핑크빛 사랑 또한 무작정 부드럽고 달콤한 것이 아니라, 내가 원하고 또 가장 자유로울 수 있는 삶, 그것을 당신과 함께하는 것이지요.

우리는 우리의 창조자

언뜻 생각하면 잘 이해가 되지는 않지만
과학자들 중에는 후에 종교인이 되는 사람이
참 많다고 하더군요.

무엇이든 논리적으로 설명해내어야만
그리고 그렇게 증명이 되어야만 속이 시원한 그들이
연구를 아주 깊이 깊이 진행하다보면
눈에 보이지도 않는 단백질 하나에
우리의 몸이 에너지를 낼 수 있다는 것,

반드시 그 원소를 품어야만

식물이 성장에 필요한 것을 대지로부터 이끌어낸다는 것,

그런 사실이 이 세상을 만들어냈을 그 누군가에게

경외감을 품도록 만든다는 거예요.

참 인간다운 발상이지만

어찌 되었든 기가 막히게 머리 좋은 조물주를

존경하고 따르지 않을 수 없다고 하지요.

그러니 어느 순간 그들의 연구는

세상을 만든 그분의 업적을 낱낱이 뒤쫓으면서

그 신비로운 비밀을 하나하나 풀어가는 일이 됩니다.

나는 이미 과학자가 되기엔 늦은 사람이지만

꼭 그렇게 깊은 연구가 없더라도

그들의 마음을 이해할 만합니다.

세상의 수많은 사람들 중에서

어머니가 아버지를 만나듯

다른 그 누구가 아니라 당신을 만났다는 사실,

내가 당신을, 당신이 나를 알아보게 했다는 사실,

그 하나만으로도

그분은 참 존경할 만하지요.

당신은 운명의 장난이라 할지도 모르지만요.

가끔은 그런 생각도 해봅니다.

누군가 세상을 만들고 당신과 나를 만나게 했다면

우리는 이제 그분처럼

우리의 삶을 만들어가야 한다는 것,

이전까지는 세상에 없었던 것을

하나하나 끝없이 만들어간다는 것,

그 순간순간 우리는 창조자가 된다는 것.

그러고 보면

얼마 안 되는 시간 동안 우리는

참 많은 것을 만들어냈지요.

다른 사람은 아무래도 알 수 없는

우리의 소중한 지난날은 모두

알고 보면 이제껏 세상에 없던 것들이니까요.

창조자는 정말 이렇게 생겼을까요?

클레가 생각했던 것처럼

켜켜이 온몸에 주름을 품고

날개를 펼치듯 가슴을 열고

폭풍도, 태양도, 사막도, 열대림도

모두 다 견뎌보겠다고,

다 녹여보겠다고,

활짝 꽃피어 날아오르는 모습일까요?

우리는 서로에게

얼마나 관대한 창조자일까요?

저 옷깃, 몸짓 속속

얼마나 스며 있을까요?

■■ 클레, 「창조자」, 캔버스에 유채, 42×53.5cm, 1934

어쩌면 이런 그림은 클레가 아니면 못 그렸을지도 몰라요. 자기가 그린 그림이 늘 어린아이의 그것과 같기를 꿈꾸던 클레가 아니었다면 누가 창조자의 모습을 상상이나 할 수 있었을까요? 공교롭게도 클레가 그린 창조자는 분홍의 바탕색 위에 놓여 있습니다. 고갱의 '분홍색 대지'를 떠올리며, 우리는 그 완전한 색에 대해 얘기했었지요. 사실 옷자락인지 몸의 어느 부분들인지 알 수 없는 저 창조자의 모습은 그저 하얀 선으로만 그려져 있어서 분홍색은 바탕색일 뿐만 아니라, 어느새 그의 일부가 되었습니다.

우리는 저런 창조자가 될 수 있을까요? 굳이 무엇이 대상이고 무엇이 배경인지를 따져 묻지 않아도 되는 그런 완전함에 다다를 수 있을까요?

클레, 「고양이와 새」, 나무가 마운트된 캔버스에 제소와 잉크·유채, 38.1×53.2cm, 1928(위)
클레, 「근심스러운 얼굴」, 올이 굵은 삼베에 유채, 100.4× 57.1cm, 1932(아래)

오래오래 함께 살고 싶어요

이루어질 수 없는 사랑,

이루었으나 함께할 수 없는 사랑······

그래서 차라리 접어버린 사랑.

세상에는 참 힘든 사랑이 많습니다.

하지만

사랑이 과연 그렇게 물리적인 시간 속에 있는 걸까요.

한순간 담겨 있다가 빠져나오는 목욕물 같은 걸까요.

이루었음이 무엇이고,

또 이루지 못했음은 무엇일까요.

이루고 난 후에, 또 접고 난 후에

사랑은 어디에 있는 걸까요.

에곤 실레가 그린 연인들을 볼 때면

나는 늘 그런 생각에 사로잡힙니다.

가뜩이나 사람들을 깡마르게 그려놓은데다가

너무 절박해서 매서워진 눈빛하며

어디 한 군데 툭 건들기만 해도

폭발할 것만 같은 반항기로 그득한,

그러나 너무도 애절한

그 여린 연인들 말입니다.

그들에게 대체 어떤 사연이 있을까요.

그들은 과연 사랑을 이루었을까요.

메마르고 거친 땅에서

악으로 깡으로 자란 듯한 사랑,

에곤 실레는 그런 사랑을 그렸습니다.

늘 가족과 이웃의 관심 밖에 있던 그가

촉촉하고 부드러운 초원 같은 사랑을 그려내기에

마음의 궁핍이 드러내는 그늘이 깊었던 게지요.

그는 몇 해 동안 그간의 피폐한 삶을 접고

오스트리아 군대의 미술관에 근무하면서

그의 연인 에디트 하름스와

행복한 결혼 생활을 누리기도 했습니다.

그러나 제1차 세계대전 말,

전쟁보다 더 많은 사람을 앗아간 에스파냐 독감은

출산을 앞둔 아내의 목숨을 앗아갔고

이미 같은 병에 감염돼 있던 실레는

모델이자, 연인이자, 아내였던 이의 죽음을 따라

사흘 만에 세상을 떴습니다.

■■ 실레, 「에디트 실레」, 캔버스에 유채, 180×110cm, 1915
실레, 「죽음과 소녀」, 캔버스에 유채, 150×180cm, 1915~16(앞쪽)

한 사람은 그림을 그리고 한 사람은 모델이 되었던

지극히 낭만적인 사랑 이야기와

그들이 함께 남긴 그림과

또 그만큼 극적인 죽음을 두고

당신은 무슨 생각을 하시나요.

그들의 사랑이 대체 무엇이었다고 생각하시나요.

실레 부부는, 실레가 그린 그림 속의 연인은

사랑을 이루긴 했던 걸까요?

어쩌면 세상의 모든 사랑은

아무리 척박한 토양일지라도

이미 싹트는 그 순간에 이루어지는 것,

다만 삶이 그리 간단치 않은 탓에

그것을 오래 함께하는 것이 어려울 뿐인 건 아닐까요.

당신,

나는 당신과 오래도록 함께하고 싶어요.

그렇게 낭만적인 만남이 아니더라도

가슴 저린 신화는 없어도

우리가 처음에 함께 사랑을 이루었듯이

또 많은 사람들이 그래왔듯이

검은 머리가

파뿌리되도록

오래오래,

건강하게,

함께 살았으면 좋겠어요.

■■ 실레, 「에곤과 에디트 실레」, 연필과 구아슈, 52×41.1cm, 1915

영화 「나쁜 남자」를 보면, 인생의 벼랑 끝에 놓인 한 남자가 사랑을 하게 되고 그 사랑을 계속 보듬고 싶어서 결국 사랑하는 이를 벼랑으로 몰아가는 이야기가 나옵니다. 그리고 김기덕 감독은 그들의 어쩔 수 없는 선택을 비유하듯이 에곤 실레의 작품집을 들척거리는 남자의 모습을 보여주지요. 더는 물러설 수도 없는 곳, 아무도 받아줄 수 없는 곳, 그곳에서 그들의 사랑이 구현됩니다. 다행한 것은 「나쁜 남자」의 주인공들이 어딘지 모를 그곳을 향해, 어찌 되었든 함께 간다는 거지요. 헐벗고 거친 사랑일지라도 그것은 결국 힘껏 함께 살아낸 자의 몫임을 말해주는 것 같습니다.

검정, 당신

빛이 품고 있는 수많은 광선 중에서

사람의 눈에 겨우 잡히는 것이 가시광선이고,

가시광선이 품은 색 중에서

무엇을 반사해내는가에 따라

세상에 존재하는 모두가

제각각의 색을 갖게 된다고 합니다.

그러고 보면 색이란

이미 깊게 품고 있는 것이 아니라

기어이 받아들이지 않는 것,

끝끝내 거부하는 것에 다름 아닙니다.

그러므로

엄밀히 말하면 '검정'은 색이 아니지요.

검은색을 띠는 것은

더이상 반사해낼 광선이 없기에,

말하자면 모든 색을 흡수하기에

그저 어둡고 컴컴할 뿐이라는 겁니다.

모든 것을 받아들이면

아무것도 드러내지 않는 것과 다를 바 없다는

삶의 구조와 닮아 있습니다.

■■ 마티스, 「춤Ⅱ」, 캔버스에 유채, 260×391cm, 1909~10

그림 속에 눈부시게 들어앉은

원시적이고 화려한 색채가

차라리 야수의 모습과 같다 하여 이름 붙은 야수파.

마티스는 20세기 초엽 등장한

그 야수파의 선두주자였습니다.

그들의 도발적인 색은 너무도 강렬해서

작품을 감상하는 사람들에게

아주 극단적인 반응을 가져왔다고 하지요.

그의 말년 작품 한 점은

참 오래도록

내 눈을 멈추게 했습니다.

그림에는 그의 여느 작품처럼

빨강, 노랑, 초록이 눈부십니다.

하지만 나를 이끈 것은

그 원색의 찬란함이 아니라 검정,

바로 검정이었습니다.

평생을 좇았던 색채의 끝자락에

색이 아닌 검정이 있음을,

모든 것을 받아들이는 검정이 있기에

비로소 화려한 색이 숨쉴 수 있음을

마티스는 깨달은 걸까요.

커튼의 도드라진 무늬를 빛나게 만들고

과일의 풍성함을 생생하게 하며

한창 물이 오른 나무 이파리를 더욱 파릇하게 하는 것,

그 모든 색을 더 살아 있게 하는 것,

그것이 검정의 힘이라는 사실을

그는 말하고 싶었던 걸까요.

■■ 마티스, 「이집트풍의 커튼이 있는 실내」, 캔버스에 유채, 116.2×89.2cm, 1948

그러므로 당신은 나의 검정.

내 어설픈 마음 모두 받아들여

삶을 더욱 빛나게 해주는,

색이 아니면서

가장 크고 깊은 색, 검정.

그 안에서 나는 얼마나 자유로운지.

나 또한 그대에게 검정이기를,

있는 그대로의 당신을 받아들이는 사람,

당신을 온전히 품어내는 사람이기를

간절히 바랍니다.

마티스, 「바이올린이 있는 실내」,
캔버스에 유채, 1917~18

색은 결국, 물체가 결코 받아들이지 못하는 빛을 반사해낸 흔적이라는 사실은, 참으로 큰 충격이었습니다. 어쩌면 당신은, 내가 기어이 받아들이지 못한 나의 모습일지도 모르겠다는 섣부른 생각이 마음을 사로잡았기 때문입니다. 또한 우리가 보색이라 부르는 반대의 색이 서로 섞이면, 검은색이 된다는 사실 또한 그에 버금가는 놀라움입니다. 당신과 내가 만나 조화롭게 섞여야만 비로소 반사하는 빛 없이, 그리하여 아무 색도 없이 성공적으로 삶이 흘러가기 때문입니다.

당신은 미숙한 나를 위해 먼저 '검정'이 되어주었습니다. 그 '검은' 마음이 너무 예뻐서, 나 또한 그대를 위한 '검정'이 되고 싶습니다. 우리는 서로를 딛고 더 넓은 세상을 끌어안을 수 있겠지요.

켜켜이 쌓인 흔적

당신과 내가 만나 봄밭을 갈듯 일구어낸 날들은

기쁨도 상처도 모두 한몸이었지요.

켜켜이 쌓인 흔적, 그것은 마치

여러 색의 판을 차곡차곡 찍어내 탄생하는

한 점의 판화와도 같은 일일지 몰라요.

완성된 후엔, 다 찍어내고 난 후엔

온전히 하나의 그림이 되지만

그 어느 한 부분을 간신히 차지하는 색색의 판은

그저 단계별로 작은 제 몫을 가질 뿐입니다.

옅은 색부터 점점 짙은 색의 판으로 옮아가면서
판화는 서서히 제 모습을 드러냅니다.
한 겹 한 겹 색판을 고스란히 거치지 않고서는
세상에 나오지 못하는 그림입니다.

그러므로 그것은 바로
당신과 나의 날들입니다.
오래 전 그날의 기억은 희미하지만
그 옅은 추억과 갈수록 선명하게 짙어지는 기억들이
나이테처럼 켜켜이 쌓여
당신과 나를 만들어갑니다.

색판이 겹쳐 찍히듯 지난날의 흔적도 남고
간혹 손이 떨리는 날이 있어 초점을 놓칠 때면
끝내 지울 수 없는 흉터처럼
어긋나는 시간도 남습니다.

처음으로 되돌릴 생각이 없다면
그것이 온전히 남은 그림의 몫이면서
또 우리의 삶이 안고 가야 할 상처가 됩니다.

뭉크는 유난히 판화를 많이 남겼습니다.
어린 시절,
사랑했던 어머니와 누이를 결핵으로 잃으면서
그의 작품은 사랑과 죽음, 그로 인한 고통과 불안으로
어둑어둑한 마음의 그늘을 담아냅니다.
겹겹이 쌓인 그 우울한 날을 잊지 않으려는 듯
아니, 차라리 지극히 선명하게 기억해냄으로써
무뎌지려는 듯
그의 작품은 그 순간 순간을 색판으로 남기고
종이 위에 각인시키면서 완성되었습니다.
다만 가끔은 여러 색으로 뒤엉킨 것이 아니라
이토록 단순한 작품도 있었습니다.

■■ 뭉크, 「키스」, 목판화, 44.7×44.7cm, 1898

무채색 판 두어 개로

단호히 남겨둔 기억.

굳이 여러 색판을 거치지 않았지만

그 사랑이 오래도록 마음에 남습니다.

우리는 그 동안 몇 개의 판화를 찍었을까요.

지나칠 만큼 선명하게,

또는 아슴아슴하도록 희미하게

우리가 사랑한 역사는 얼마나 많은 작품을 남겼을까요.

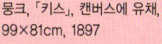
뭉크, 「키스」, 캔버스에 유채,
99×81cm, 1897

그림 속의 두 사람은 놀랍게도 얼굴이 하나입니다. 깊게 입을 맞추고 있는 그들 어딘가에 경계가 있을 법도 한데, 처음부터 그랬다는 듯, 구분할 수가 없습니다. 자세히 보면 서로를 껴안은 양팔을 빼고는, 어느새 그들의 몸도 하나입니다. 사랑은 저렇듯 온전히 하나가 되고픈 욕망일까요. 둘이서 함께 무엇이듯 하나로 만들어내고픈 것일까요. 너무도 갈망하는 것이기에, 저 두 사람은 오히려 불안해 보입니다. 그늘진 시대를 그늘진 가정사와 함께 보낸 뭉크에게 세상은 불안과 질병과 광기가 만연한 곳이었지요. 하지만 그 폐허 속에서도 그는 두려움에 맞서 끝없이 절규하고, 고통스러워하는 모습을 담았습니다. 그리고 그의 말처럼 그것이 바로 숨을 쉬고, 느끼고, 괴로워하고, 사랑하며, 살아 있는 인간의 모습이라 생각했습니다. 당신의 모습을, 당신과 나의 그런 모습을 나 또한 두려움 없이 받아들이겠습니다. 당신이 곁에만 있어준다면, 그런 것쯤 아무렇지도 않은 일일 거라, 갑작스레 용기가 생겨납니다.

건네야 할 말

당신과 함께하는 동안

무엇이 가장 아쉬웠는가 물으신다면

나는 그날 일을 금방 떠올릴 것 같습니다.

공항버스에 당신을 실어보내면서

신호등 한 번의 차이로 놓쳐버린

그 마지막 모습을 얼마나 그리워했던지요.

당신은 다만

사흘간의 여정을 지닐 뿐이었습니다.

그러나 그 여행을 위하여

우리는 참 많은 시간을 준비했지요.

좌회전 신호등이 켜지고

길모퉁이를 돌아

멀어져가는 버스를 바라보면서

지난 며칠의 일과가 떠올라

당신에게 눈인사를 해주지 못한 것이

못내 아쉬웠습니다.

잘 도착했다는 전화를 받았을 때에는

아예 마음이 다 울컥거렸지요.

몇 해 전 석 달 동안의 여행을 홀로 떠날 때,

나는 당신의 그 마지막 모습을

얼마나 오랫동안 마음에 담았던지요.

떠나는 사람의 마지막 눈빛을 받아주면

다시 돌아올 힘이 된다는 걸

이미 그때 깨달았던 거지요.

■■ 루소, 「채석장」, 캔버스에 유채, 47.6×55.2cm, 1896~97

하지만, 나는 당신의 뒷모습을
끝끝내 지켜주지 못했습니다.

다시 돌아온다는 연락이 왔습니다.
좋은 여행이었다는 당신 말에
오히려 가슴이 더 애잔합니다.
무엇을 믿고 돌아오는가 싶으니
미안한 마음에 어찌할 바를 모릅니다.
다만 내가 할 수 있는 일은
서둘러 당신을 맞이하는 것,
도착 시간에 늦지 않으려면
걸음을 조금 더 재촉해야 합니다.

내 등뒤에서

가장 든든한 그림자가 되어주겠다던 당신의 말에

그 어떤 화답도 해주지 못했던 나였습니다.

다른 건 몰라도

당신이 먼 길을 떠날 때,

마지막까지 배웅해주겠다고 말하고 싶습니다.

또 그 먼 길 돌아올 때,

가장 먼저 마중하겠다고 말하고 싶습니다.

입국장을 들어서는 그대에게

보고 싶었다는 말보다 먼저

그 말을 건네야겠습니다.

햇빛을 가릴 챙 넓은 모자를 쓰고, 지팡이까지 한 손에 움켜쥔 것을 보면 분명 갈 길이 먼 사람인 모양입니다. 그런데, 그는 그림을 바라보는 사람을 향해 반듯하게 서 있습니다. 아마도 가는 방향은 저 너머인데, 무언가 아쉬운 듯 잠시 걸어온 길을 뒤돌아보고 있나 봅니다.

언젠가 당신이 그렇게 잠시 걸음을 멈추게 된다면 그곳에 분명 내 모습이 있으리라 여겨주세요. 그 누구보다 오랫동안 당신의 긴 그림자를 밟고 있을 테니, 당신은 그때의 내 눈빛을 딛고 돌아오실 수 있겠지요. 그리고 반드시 돌아오시겠지요. 그날에도 나는 당신 그 지친 귀환을 가장 먼저 맞이할 테니, 마음 푹 놓으세요. 당신이 거기 있을 때, 나는 여기 있는 거니까요.

편지 속 화가들과 연애하다 (가나다 순)

고갱, 폴 Paul Gauguin 1848~1903

고갱이 태어난 1848년은 2월 혁명으로 프랑스 왕정이 붕괴되고 공화정으로 이행되었던 해였다. 그러나 다시 쿠데타가 일어났고, 공화주의자였던 고갱의 아버지는 가족을 데리고 남미의 페루로 망명하던 길의 배 위에서 심장마비로 죽었다. 6년 뒤, 가족들과 함께 다시 프랑스로 돌아온 고갱은 신학교에 들어가지만 위선적 덕행을 일삼는 문명에 반발하여 선원이 되기로 결심한다. 학교를 졸업하면서 견습 선원으로 남아프리카를 다녀온 그는 이후 한동안 선원 생활을 했지만 어머니의 만류로 다시 프랑스로 돌아와 증권거래소에서 일했다. 그는 대체 언제 화가가 되었을까? 굳이 말하자면 서른다섯, 그가 직장을 그만둔 시점부터라고 말해두자. 격동의 유년과 아버지의 부재, 현실과의 어긋남이 어느 날 폭발하듯 터져 나와 그를 화가로 만들었고 그의 그림은 프랑스 바깥에서 성숙해갔다. 그는 1887년에 처음으로 남대서양의 마르티니크 섬에 갔고, 몇 번의 귀향을 거듭하다가 결국 남태평양의 프랑스령 타히티로 건너간다. 문명을 떠난

삶과 이상의 화해가 있는 곳, 원시적 삶의 순수함이 남아 있는 그곳에서(물론 지금은 아니겠지만) 고갱은 그림을 그렸고, 화가가 되었고, 자유로운 사람이 되었다.

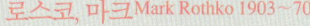

로스코, 마크 Mark Rothko 1903~70

한 사람이 말했다. 로스코의 그림은 너무도 단순하여, 그것이 지식과 이성을 모독하고 있다고. 그래서 만약 세상의 모든 그림이 그의 것과 같다면, 우리 모두가 선불교로 개종해야 할 것이라고. 아마도 그의 그림이 보여주는 정신성을 역설적으로 강조한 표현일 터이다. 그래서인지 로스코는 화폭의 크기, 작품이 걸리는 높이, 조도, 그림 사이의 간격, 심지어 이상적인 감상 거리에 맞추어 놓아둘 등받이가 없는 의자까지 세세하게 신경을 썼다고 알려져 있다. 감상자가 작품과 하나가 될 수 있도록 배려하는 마음, 거기까지가 그의 작품이었다. 러시아에서 태어난 유대인이었던 그는 열 살 때 약사였던 아버지를 따라 미국으로 건너와 그곳에서 그림을 배웠고 화가로 성공했다. 하지만 그는 예술이 자본의 논리에 종속되는 것을 극도로 불편해했다. 명성이 높아갈수록 괴로웠다. 작품은 갈수록 어두워졌다. 동맥경화증과 우울증에 시달리던 어느 날 그는 작업 중이던 그림 앞에서 양팔의 동맥을 끊었다. 책 속의 도판은 작지만 그것이 눈앞에 제 몸보다 더 큰 캔버스로 서 있는 장면을 상상해보는 것도 좋겠다. 실제 작품을 볼 수 있다면 더욱 좋겠지만.

루소, 앙리 Henri Rousseau 1844~1910

분류하고 정의하고 편가르기를 즐기는 미술의 역사는 '소박파'를 만들어냈다. 특별히 어떤 조형적 특수성이 있어서가 아니라, 정규 미술교육을 받지 않았으나 스스로 일가를 이룬 아마추어 작가들을 일러 '나이브 아트(naive art)' 즉 우리말로 '소박파'라 부른 것이다. 150여 년 전의 상황도 지금과 그리 다르지 않아서 대체로 예술적 취미를 살려 공부하는 것은 특별한 경우가 아니라면 그나마 여유 있는 집안 출신의 몫인지라, 루소는 그 꿈을 접어두고 세관의 관리로 일했다. 그러나 마흔아홉 살에 이르러 마침내 직장을 그만두고 그림을 그리는 삶을 선택했다. 온 인생을 두고 품었던 그 소망을 이루어낸 루소와 같은 이들을 두고 다만 '소박하다'고 말할 수 있을까. 스스로에게도 인정받지 못하던 욕망을 뒤늦게나마 이룬 그들에게 그저 '소박파'라는 이름을 주어도 될까. 본문에 소개한 작품「채석장」, 'Quarry'는 지식이나 자원의 원천을 뜻하는 말인데, 이 그림은 어쩌면 마치 돌을 캐내듯 먼 세월을 돌아 이제야 비로소 제 길로 접어들어 마음속에 담았던 무수한 그림을 끌어내려는 루소 자신의 자화상이었던 것은 아닐까?

마그리트, 르네 René Magritte 1898~1967

1920년, 약속 장소로 가던 브뤼셀 거리에서 마그리트는 우연히 한 여인과 마주친다. 그녀는 그에게 어디를 가는가 물었고, 마그리트는 애인을 만나러 가는 길이라고 대답했다. 하지만 조르제트(Georgette)라는 이름을 가진

그 여인과 마그리트는 2년 뒤에 결혼을 해서 죽을 때까지 함께 살았다. 그날 그 애인은 어디로 갔단 말인가. 그의 이 뻔뻔함을 어쩌란 말인가. 그가 그려낸 그림도 꼭 이와 같아서, 그 안에는 보는 사람의 당혹감 따위는 아무렇지도 않은 듯 현실 속에서는 절대로 일어날 수 없는 일들이 태연히 벌어지고 있다. 바위는 원래부터 공중을 떠다녔던 것처럼 가벼워 보이고, 새들은 이미 절대적 자유를 얻은 지 오래다. 무어라 반박할 여지도 없이 그는 이렇게 말한다. "사람들은 내 그림을 보며 '무엇을 뜻하는 걸까'라고 묻겠지만, 내 작품이 의미하는 것은 아무것도 없다." 그의 작품은 우리가 아주 확실한 것이라 믿는, 대상과 그것의 이름과 의미와 기능 간의 관계가 생각보다 그리 돈독치 못하다는 것에서 출발한다. 어느 누가 그 모든 필연의 관계를 증명해줄 수 있단 말인가. 그의 어머니는 어느 날 아침 잠옷을 뒤집어쓴 익사체로 발견되었다. 그것이, 그에게, 그래서, 어떻단 말인가. 다만 우리는 가끔 루이스 캐럴의 『이상한 나라의 앨리스』가 되어 집채만 한 토끼를 만날 뿐이다.

마티스, 앙리 Henri Matisse 1869~1954

"내가 녹색을 칠할 때, 그것은 하늘이 아니다." 별게 아닌 것 같지만, 이 말은 가히 혁명에 가깝다. 이제까지 우리가 그렇다고 믿어온 것, 그래서 그렇게만 말하도록, 그렇게 인정하도록 별 의심도 없이 강요받았던 것을 어느 누가 저토록 단호하게 잘라 '아니다'라고 말할 수 있겠는가. 그림 속에서 지독한 빨강을 트레이드마크처럼 보여주어 '뱃속에 태양을 품은 사내'라는 별명이 붙기도 했던 마티스. 그라면 분명 그렇게 말할 수 있었다. 사실 그는 법학을 전공하고 법률가의 길을 걷던 평범한 사람이었다. 맹장 수술을 받고 고향에서 요양을 하던 중, 같이 입원해 있는 사람이 그림을 그리는 것을 보고서 문득 그림이 그리고 싶어졌던 그는 어머니가 사다주신 물감 상자를 손에 쥐면서 인생의 방향을 완전히 틀어버렸다. 인생이 역전된 그 순간부터 그림은 온통 혁명이었다. 과격하고 폭력적인 혁명이 아니라 완전히 다른 형식이면서도 균형이 잡힌, 강렬하면서도 휴식을 주는 혁명. 조용한 그의 혁명은 끝이 없었다. 말년의 마티스는 관절

염으로 거동을 못하게 되었는데, 누구나 그가 이제 더이상 작품을 만들지 못하리라고 말했다. 하지만 마티스는 색종이를 잘라 붙이기 시작했다. 그리고 이 작업은 여든 네 살의 나이로 숨을 거둘 때까지 계속되었다.

말레비치, 카지미르 세베리노비치
Kazimir Severinovich Malevich 1878~1935

좀 지나치다 싶겠지만, 말레비치는 금욕적으로 절제된 원과 사각형의 절대성을 푸르른 들판에서 따뜻한 햇빛 아래 생동하는 각양각색의 물체와 생명체보다 우위에 놓아야 한다고 말했다. 그의 예술은 자연의 혼돈을 지배하는 인간의 우월성을 상징하는 절대적 기본 형태로서의 직선과 자연에서는 결코 발견되지 않는 사각형을 기본 요소로 하는 것이었다. 절대주의는 그 무엇과도 타협이 불가능한 지점에서의 절대성을 추구하는 그런 것이었다. 창조를 위해서는 정신적 독립이 필요하며 물질적인 충족을 추구해서는 안 되는 것, 또한 기계문명에 의

존해서도 안 되는 것, 감정이나 연상마저도 배제되어야 하는 것, 그래서 이것저것 다 버린 후에도 기어이 살아남아 있는 것, 말레비치는 그런 것을 그리고 싶어했다. 삶에서 극한에 다다르게 되는 일은 이런 식으로도 온다. 하지만 이 혼돈과 유혹의 시대에 그에 맞서 얼마나 잘 견뎌낼 수 있을까. 변혁의 러시아를 살다간 한 예술가의 철학이 마음을 무겁게 한다.

모네, 클로드 Claude Monet 1840~1926

시간은 흘러가고 한낮의 빛은 변한다. 사람은 늙고 보는 방식은 달라진다. 어린 시절의 세상은 이미 내 삶에 없으며 누구도 건너가는 그 순간을 잡지 못한다. 그러나 모네는 태양이 던져주는 빛 때문에 달라지는 사물과 그 변화의 순간이 주는 아름다움을 시시각각 포착하고 싶어했다. 파리 근처 센 강변의 아르장퇴유에서 살던 1874년, 모네는 그 빛을 좇아 결국 배를 한 척 구입한다. 배를 타고 강으로 나가면 맑은 날, 흐린 날, 안개 낀 날 할것없이 물위로 쉼없이 쏟아지는 빛, 그 빛이 만들어내는 놀라운 색채의 변화가 그의 눈을 사로잡았다. 단 한순간도 그 모습을 놓치고 싶어하지 않았던 모네는 그 빛에 무던히도 단련된 눈이 백내장을 얻으면서 세상을 떠났다.

모딜리아니, 아메데오 Amedeo Modigliani 1884~1920

병약하고 현실적인 감각은 없으나 사랑하지 않을 수 없는 인물. 모딜리아니는 소설 속의 주인공으로 자주 등장하는 이 캐릭터의 전형을 만들어내는 데 분명히 일조했을 것이다. 결핵과 폐렴으로 중학교를 중퇴할 수밖에 없었던 유년, 예술적으로 풍성한 경험을 남겨준 가족, 뛰어난 그림 실력, 건강 때문에 접어야 했던 조각에의 열정, 게다가 미술사를 통틀어 가장 잘생긴 얼굴. 몇 가지 정황만으로도 이야깃거리는 풍성하다. 게다가 서른여섯 살의 요절, 임신한 몸으로 그를 따라 자살을 선택한 아내. 거의 완벽한 시나리오다. 사람들은 정작 삶을 엮고 있던 이런 소사에 관심을 갖고, 그것을 통해 모딜리아니를 기억해내곤 한다. 그러나 다행한 것은 가십거리로 전락해버릴 위기에 처한 인생, 그래서 정작 아무것도 이루지 못할 것 같았던 삶 속에, 그가 오래도록 잊혀지지 않을 그림을 남겨두었다는 점이다. 비록 가난과 지병으로 인한 고통을 이겨내기 위해 그가 마약을 선택했더라도, 또한 지극히 퇴폐적인 생활로 명성을 떨쳤더라도, 그의 그림은 그 모든 약점을 덮을 만큼 서른여섯 인생의 깊이를 녹록지 않게 담고 있기 때문이다. 이탈리아 태생의 유대인으로 성년기 대부분을 파리에서 보내면서, 인연을 맺은 사람들의 영혼 하나하나를 그 심연까지 담아낸 초상화를 많이 그렸다. 덧붙이자면, 근래 불황 속에서도 최고의 경매가를 기록하는 예술품이 바로 모딜리아니의 그림이라고 한다.

몬드리안, 피터 코르넬리스
Pieter Cornelis Mondriaan 1872~1944

개신교 중에서도 청빈과 경건함으로 유명한 칼뱅주의자 아버지를 둔 몬드리안은 그 역시 스스로에게 매우

엄격한 사람이었다. 그림 속에서 일체의 군더더기를 덜어내고 오로지 생명과 자연의 근원을 암시하는 질서와 균형을 찾으려 했던 그의 화력(畵歷)은 삶의 과정과 그리 달라 보이지 않는다. 증명이라도 하듯, 한때 몬드리안의 작업실은 책상이고 의자고 창틀이고 할것없이 모두 검정과 흰색을 주로 한 무채색으로 뒤덮여 있었다. 하지만 유독 전축만은 빨간색이었다고 한다. 무채색의 공간에 소리를 툭툭 던져내는 빨간 심장이 어느새 눈앞에 펼쳐진다. 본문에 소개한 그림 중 첫번째 그림은 뭉크의 영향을 받아 다소 우울한 색채를 풍기는 초창기 작품이다.

뭉크, 에드바르트 Edvard Munch 1863~1944

노르웨이에서 태어난 뭉크는 어린 시절 어머니와 누이를 차례로 잃었다. 결핵이었다. 의사였던 아버지는 사랑하는 가족을 지켜내지 못했다는 절망감으로 성격이 변해갔고, 상처로 얼룩진 유년의 가족사는 뭉크에게 오래

도록 죽음의 그늘을 안겼다. 그림은 그런 그에게 삶을 향한 유일한 열정이자 스스로를 표현하는 방식이었고, 그림 안에는 생명과 죽음, 사랑에 대한 깊은 감동과 질투가 불안하게 스며 있다. 평생 별다른 양식의 변화가 없던 그는 어쩌면 그의 작품처럼 청년기 특유의 감수성으로 평생을 살았는지도 모른다. 시간이 흐르면 시절에 맞는 마음의 옷도 필요한 것을, 그는 기어이 받아들이지 못했던 것일까. 사람들은 비극을, 그것도 내 것이 아닌 비극을 즐긴다. 그리고 사람들이 뭉크의 그림에 열광하는 것은 아마도 그의 그림이 비극을 다루고 있기 때문이며, 그것이 누구에게나 찾아오는 상황이라 하더라도 내 것보다 더한 비극이기 때문일 것이다. 후기에는 더러 삶의 기쁨과 자연의 풍요로움을 다룬 작품이 등장하기도 하지만, 누구라도 그의 절규와 그의 질투를 더 오래도록 기억한다. 어머니와 누이를 앗아간 폐질환이 혹여 자신에게도 찾아들까 평생 두려워하던 뭉크는 심장마비로 세상을 떠났다. 인생은 어차피 비극이지만 허를 찌르면서 그렇게 희극이기도 하다.

샤갈, 마르크 Marc Chagall 1887~1985

20세기 초반의 예술가들은 대체로 몇 개의 유파에 속해 있거나 그에 영향을 받았다고 알려져 있다. 그렇다면 샤갈은? 그는 '에콜 드 파리' 파였다. 들어본 이름이다. 하지만 무엇이 이 화파(畵派)의 그림인지 아는 사람은 별로 없다. 사실 이것은 어떤 양식상의 유사성을 보이거나 거창한 선언문을 발표하며 생겨나지 않았다. 당시 가장 자유롭고 활기차게 예술을 할 수 있던 프랑스의 파리로 신념을 따라 흘러온 다른 나라의 젊은 예술가들, 특히 유대인 작가들이 하나둘 모이기 시작한 게 에콜 드 파리였다. 그들은 모두 자유와 몽상을 사랑했고, 같은 화법을 지니지는 않았지만 그림과 그들의 삶을 사랑했으며, 고향을 그리워했다. 모딜리아니, 키슬링 등과 함께 샤갈은 그런 에콜 드 파리파의 일원이었다. 구별과 이름짓기는 참 아이로니컬한 것 같다.

쇠라, 조르주 피에르 Georges Pierre Seurat 1859~91

점점이 그려진 쇠라의 그림을 떠올려보면 그가 참 세심하고 아담한 사람일 것 같다는 생각이 들지만, 정작 여러 기록들은 그의 체구가 크다 못해 거대했다고 전한다. 집채만 한 사람이 이젤 앞에 앉아서 점점이 물감 수를 놓고 있는 장면을 상상해보는 일은 즐겁다. 하지만 점을 찍어 그림을 그리기는 쉽지 않다. 그 당시 어느 정도 연구 성과를 내고 있던 색채론은 보색관계나 병치, 혼합 등의 다양한 색채의 속성을 밝혀주고 있었는데, 쇠라의 점 그림은 이런 사실을 알아야만 가능한 일이기 때문이다. 그는 학교에 다닐 때부터 색채학 연구에 열중했고, 빛과 색채에 관한 많은 과학적인 책을 열심히 읽었다. 또 들라크루아의 일기와 작품을 연구하여 색채의 대비와 보색 사용에 대한 해설 노트를 직접 만들기도 했다. 큰 체구의 쇠라, 그의 끝없는 연구 그리고 창작은 결국 과로를 불러왔고, 면역이 떨어진 상태로 결국 호흡기 디프테리아에 걸려 서른한 살에 요절했다.

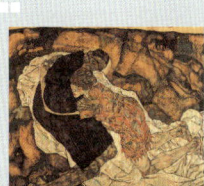

실레, 에곤 Egon Schiele 1890~1918

오스트리아 빈 근방 툴른이라는 소도시의 역장이었던 실레의 아버지는 어린 시절 학교 공부를 소홀히 한 처벌로 실레의 소묘를 모두 불태웠다. 화가로서 명성을 얻어갈 무렵 실레는 어린 소녀를 누드 모델로 그린 것이 화근이 되어 고발을 당하고 24일간 감옥살이를 하였는데, 이 사건을 담당했던 판사 또한 재판과정에서 그의 드로잉 한 점을 불태웠다. 어린 시절의 대부분을 연필 드로잉으로 보낸 그에게 그림이 불태워진다는 것은 그 자신의 화형에 다름 아니었고, 존재에 대한 위협은 그에게 날카로운 성격을 남겼다. 또한 그 성격은 불안과 공포, 극단의 쾌락과 욕망, 고독과 번민이 가득한 그림 속에 고스란히 남았다. 1918년에는 유례없는 독감이 전 세계를 휩쓸어 어림잡아 2000만 명 이상이 목숨을 잃었다. 에곤 실레와 그의 아내 에디트 하름스의 사인 또한 최초 발생지의 이름을 따 에스파냐 독감이라 불리던 이 끔찍한 독감이었다. 그리고 실레가 최후로 그린 작품은 죽어가는 아내를 그린 소묘였다. 그림은 그가 살아가는 방식이자, 그가 존재하는 형태이기도 했다. 스물여덟, 짧지만 찬란한 인생은 그랬다.

야블렌스키, 알렉세이 폰
Alexej von Jawlensky 1864~1941

한 사람과 역사는 다른 한 사람으로 인해 어떻게 달라질 수 있을까. 야블렌스키는 원래 사관학교를 졸업한 장교였지만 그림에 대한 열정이 갈수록 깊어져 결국 1896년 퇴역을 하고 미술을 공부하기 위해 러시아를 떠나 독일로 갔다. 그곳에서 그는 그림과 함께 평생을 두고 마음에 품을 여인을 만났다. 에미 갈카 샤이어라는 이 여인은 기하학적 추상 미술운동을 전개했던 야블렌스키를 비롯하여 칸딘스키, 클레, 파이닝어로 이루어진 '블루 포(Blue Four)'(유명한 추상회화 그룹인 '청기사파'의 역사를 잇는 의미를 지녔다)를 안팎으로 후원했고, 특히 자신은 그림을 포기하면서까지 야블렌스키의 활동을 도왔다. 야블렌스키의 명상과 철학이 고스란히 담긴 얼굴 그림들은 그녀를 떠올리며 시작되었고 그 마음을 온전히 다 받아주듯, 많은 수의 야블렌스키 작품이 '갈카샤이어 컬렉션'이라는 이름으로 소장되어 있다.

칸딘스키, 바실리 Vasilii Kandinskii 1866~1944

창문을 열고 바깥을 내다보다가 갑자기 후드득 빗방울 소리를 듣기 시작한다. 빗소리가 가슴 저 아래로 내려앉고, 눈앞은 온통 투명하고도 거친 직선의 향연. 눈앞에 펼쳐지는 풍경과 소리, 훅 하고 밀려오는 대지의 냄새까지, 세상은 온통 비로 가득 차 있다. 감정은 작은 변화 하나에도 요동친다. 누가 만들었는지 몰라도 사람들은 그 작은 차이를 온몸으로 감지할 수 있으니 그저 놀랍다. 최초의 추상화가라 불리는 칸딘스키가 평생을 두고 연구한 것은 요약하자면 이러한 여러 감각의 조화가 이론적으로 어떻게 가능한가였다. 러시아 태생의 그가 1921년 독일로 건너가 바우하우스의 교수가 된 것도 이와 관련이 있다. 바우하우스의 창시자였던 발터 그로피우스의 기본 미학은 미래의 미술 형식은 모든 개별 매체와 장르를 통합하고 초월하여 일종의 종합을 이루어야 한다는 것이었는데, 칸딘스키는 이에 깊이 공감했고, 이러한 문제를 해결하는 데 물리학에서 법학에 이르는 모든 지식을 총동원하기까지 했다. 색채와 형태, 그리고 그것의 조화가 어떻게 일어나는지 분석하는 그의 수업은 조형 요소들 하나하나가 만들어내는 창조적이고 다양한 감정의 표현을 가능하게 했다. 뒤집힌 그림에서 우연히 추상미술을 '발견'했던 그는, 추상미술이 어떻게 감동을 주는지를 끝없이 '연구'했다. 그야말로 '머리는 차갑게 가슴은 뜨겁게'라는 구호를 일생 동안 실천한 사람이었다. 부럽다.

칼로, 프리다 Frida Kahlo 1907~54

사진가였던 아버지가 지어준 '프리다'라는 이름은 자유를 뜻한다. 그러나 그녀의 삶은 단 한순간도 자유롭지 못했다. 사고로 크게 허리를 다친 후로는 철제 코르셋으로부터, 디에고 리베라를 만나게 된 후에는 그로부

터 자유로울 수 없었다. 계속되는 사고와 수술의 나날, 끔찍하게 사랑했던 리베라와의 평탄치 못한 결혼생활은 그녀의 작품 전체에 혈흔처럼 남아 있다. 멕시코 예술의 정체성을 확립했다고 추앙을 받는 이 부부의 삶은 명성만큼이나 많은 스캔들로 물들어 있다. 특히 칼로가 리베라를 사랑하고 그와 함께 살고 겪은 많은 날들은 그녀를 진정한 우리 시대의 여성상으로 만들어주기도 했다. 공산당 집회에서 비를 맞은 칼로는 결국 폐렴에 걸려 죽는다. 세상을 떠나면서 그녀는 가깝게 지내던 엠마 우르타도에게 남편을 부탁하고, 리베라는 칼로가 죽은 뒤 1년이 안 되어 엠마와 재혼을 했다. 숱한 아픔의 나날을 이제는 있는 그대로 받아들이겠다는 의지처럼 온 몸에 화살을 꽂은 채 가녀린 사슴으로 서 있다.

클레, 파울 Paul Klee 1879~1940

그림과 음악과 시. 클레에게 이들 셋은 하나의 이름에 다름 아니었다. 그는 시 관현악단에서 바이올린 연주자로

있기도 했고 음악과 더불어 시와 단편소설을 습작하기도 했다. 그리고 그는 그림을 선택했다. 조금씩 다른 장르를 옮겨가면서 그는 너무도 극명하게 깨닫는다. "예술은 눈에 보이지 않는 것을 보듯 하는 것"이라는 사실을, "중요한 것은 이런저런 형태가 아니라 형태를 만드는 것"이라는 사실. 클레는 그 어떤 성격의 예술이라도 결국 창조와 관련이 있으니, 그 창조의 순간에 임하는 자세는 과연 바른 것인지, 그 태도가 자연을 거스르지 않는지를 끝없이 묻고 있었다. 그러니 그의 그림은 어린아이의 그것과 닮아 있다. 부러 기교가 과장되지도, 지나치게 의미심장해 보이지는 않지만 그 천진함으로 인해 더욱 더 깊은 이치와 만나는 것이다. 노년의 일기장에 클레는 "나는 이 세상의 언어만으로는 이해되지 않을 것이다. 나는 죽은 자와도, 아직 태어나지 않은 자와도 행복하게 살 수 있기 때문이다"라고 썼다. 죽은 자와도, 태어나지 않은 자와도 행복하게 살 수 있는 것은 신만이 할 수 있는 일이다. 하지만 그가 인간이라는 것을 증명이라도 하듯, 노년의 외로움은 결국 그의 그림을 어둡고 격렬하게 만들었다. 어린아이도 결국 어른이 되어 죽는다.

클림트, 구스타프 Gustav Klimt 1862~1918

예술가의 가장 기본적인 욕망은 어쩌면 불멸에 있지 않을까. 누구에게나 나의 존재를 기억하게 만들고 싶은 마음. 그래서 아주 오래도록, 심지어 숨이 끊어진 이후에도 살아 있고 싶은 마음. 그래서 많은 예술가들은 스스로에 대한 근사한 신화를 만들어간다. 작품보다 더 흥미로운 작가노트도 많다. 하지만 클림트는 문자언어에 대해 병적인 거부감을 지녔다. 스스로 작가 자신에 대한 언급도, 작품에 대한 기록도 남기지 않았다. 사람들이 그의 작품을 좋아하는 것은 아마도 그의 그림을 보면서 더 풍부한 상상을 하게 되기 때문일지도 모른다. 아버지는 금 세공사, 어머니는 결혼 전에 가수였다. 오스트리아 빈에서 태어나, 그토록 많은 여인을 그려내면서도 죽을 때까지 누구와도 결혼하지 않았으며, 역설적이게도 그를 오래도록 기억할 열네 명의 사생아를 두었다.

폴록, 잭슨 Jackson Pollock 1912~56

최근의 비평계에서 가장 손쉬운(물론 어렵긴 하다) 도구가 되어주었던 방법론은 바로 단계적으로 발전을 거듭한 정신분석학인데, 이것에 따르면 결국 작가는 정신병자가 아닌 이가 없고 작품은 그 이상 증세를 치유하기 위한 방법이자 과정이라는 것이다. 도매급으로 넘기기엔 문제가 없지 않지만 작품이 유명해지기 전부터 폴록은 이미 신경쇠약으로 정신과 치료를 받고 있었다. 그렇다면 이런 결론이 가능할 것 같다. '그의 뿌리기 그림은 정신병을 치료하는 과정에서 나오는 표출이며, 그로 인해 작가는 해방감을 맛볼 것이다' 라고. 하지만 당시의 평론가 그린버그는 그의 작품이 그림만이 갖는 평면성을 가장 잘 살렸다면서 그를 모더니즘 회화의 기수로 끌어올렸고, 유럽의 문화에 늘 한발 뒤져 있던 미국 언론은 앞다투어 폴록을 신문과 텔레비전 앞으로 불러 세웠다. 교통사고로 세상을 떠나자 그를 미술계의 제임스 딘이라고까지 불렀다. 하지만, 이 모든 것을 떠나 작품이 온몸으로 우리에게 말하고 싶어하는 것은 무엇일까?

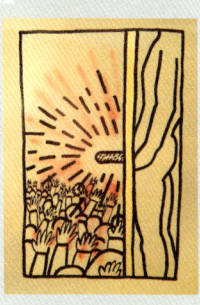

해링, 키스 Keith Haring 1958~90

내가 하고 싶은 대로 하고 살아도 이치에 어긋남이 없는 삶을 두고 일찍이 공자는 일흔 살에나 가능한 일이라 했다. 해링은 일흔 살까지 기다리지 않았다. 그의 삶은 다른 사람에겐 몰라도, 적어도 그 자신에게는 한 치의 어긋남도 없었고 그 무엇도 하고 싶지 않은 것을 억지로 한 적이 없었다. 거리의 빈 벽이나 지하철 곳곳에 그가 제멋껏 그림을 그리면 어김없이 경찰이 그 뒤를 쫓긴 했지만. 단순한 모티프에 아기자기한 색감으로 남겨진 그의 그림은 슬럼 가의 가난하고 배움이 짧은 사람들에게 사랑과 성의 문제, 인종갈등과 핵전쟁에 대한 메시지를 끝없이 던졌다. 하지만 그는 영웅이 되고 싶어하지 않았다. 작품 그 어디를 찾아도 작가의 사인이 없다. 제멋대로 살았으나, 늘 소외된 사람과 함께하고 싶었던 해링의 삶은 에이즈로 마감되었다. 39쪽에 소개한 작품을 소장하고 있을 그 누군가는 아마 우울한 날 이것을 한 번 쳐다보기만 해도 금방 기분이 좋아질 것 같다. 작품 제목인 '글로리 홀'은 말 그대로 성기를 훤히 드러내 보여주는 '영광스러운 구멍'이지만, 구어에서는 잡동사니를 넣어두는 서랍의 의미로 쓰이기도 한다. 키스 해링의 장난기가 잘 드러나는 대목이다. 참고로, 프랑스 보르도 지방 남 메독의 샤토 무통 로트실드에서 생산된 1988년 와인의 라벨에는 키스 해링의 작품이 인쇄되어 있다.

호크니, 데이비드 David Hockney 1937~

호크니는 사진 찍기를 아주 좋아했다. 그가 찍은 사진에 담긴 가족이나 친구들의 모습은 그림 속에 고스란히 옮겨지기도 했고, 또 우리는 그런 사진을 통해 작가의 일상적인 삶의 시선이나 태도 같은 것을 엿볼 수도 있다. 회화 작품이 가장 많이 알려져 있지만, 여러 각도에서 한 장면을 분할하여 찍은 사진을 다시 이어 붙여 만드는 사진 콜라주와 무대미술에 이르기까지 다양한 재능을 가지고 있었다. 그는 말하자면 '종합 예술인'인데, 여러 가지 장르를 넘나드는 작업 방식도 그러하지만, 그렇게 만들어진 작품 속에서 평면성과 깊이라든지 익숙한 것과 낯선 것의 문제 같은 대립된 것을 '종합' 하려 했다는 점에서도 그렇다. 사진과 그림의 관계를 다루는 방식만 봐도 그의 태도를 잘 알 수 있다. 푸른 물이 가득 찬 수영장을 그리기 위해 "물방울을 사진으로 찍는 데는 단지 300분의 1초만이 필요했으나 그것을 그리기 위해선 75시간이나 걸렸다"는 말이 시사하는 것처럼 그는 사진과 그림을 각각 다른 방식으로 사랑했고, 또 그 둘을 아주 조화롭게 다루었다. 이 재주 많은 사람은 그 동안 책도 참 많이 썼는데, 최근에는 옛 화가들이 그림을 그릴 때 남몰래 사용했던 렌즈와 거울의 비밀을 밝힌 『명화의 비밀—호크니가 파헤친 거장들의 비법』이라는 책을 써내, 미술계에 일대 파란을 불러일으키기도 했다.

copyrights

p.74: ⓒ René Magrette / ADAGP, Paris-SACK, Seoul, 2004
p.78: ⓒ René Magrette / ADAGP, Paris-SACK, Seoul, 2004
p.107: ⓒ Marc Chagall / ADAGP, Paris-SACK, Seoul, 2004
p.132: ⓒ Mark Rothko / ARS, New York-SACK, Seoul, 2004

그림으로 쓰는 러브레터
ⓒ황록주 2004

1판 1쇄	2004년 5월 15일
1판 2쇄	2007년 10월 31일

지은이	황록주
펴낸이	정민영
펴낸곳	(주)아트북스
출판등록	2001년 5월 18일 제406-2003-057호
책임편집	김윤희
디자인	김은희

주 소	413-756 경기도 파주시 교하읍 문발리 파주출판도시 513-8
전 화	031-955-7977(편집)	031-955-8888(관리)
팩 스	031-955-8855
전자우편	artbooks21@naver.com

ISBN 89-89800-29-3 03600

이 책에 사용된 예술작품 중 일부는 SACK를 통해 ADAGP, ARS와 저작권 계약을 맺은 것입니다. 저작권법에 의하여 한국 내에서 보호를 받는 저작물이므로 무단 전재 및 복제를 금합니다.

이 책에 사용된 예술작품은 대부분 저작권자의 동의를 얻었습니다만, 일부는 저작권자를 찾지 못했습니다. 저작권자가 확인되는 대로 정식 동의 절차를 밟겠습니다.